Bolz

Das konsumistische Manifest

Norbert Bolz

Das konsumistische Manifest

Wilhelm Fink Verlag

Die Deutsche Bibliothek – CIP-Einheitsaufnahme

Ein Titeldatensatz für diese Publikation ist
bei der Deutschen Bibliothek erhältlich.

Herstellung: Ferdinand Schöningh GmbH, Paderborn
ISBN 3-7705-3744-0

Inhaltsverzeichnis

1. Die These

Sinn ist das absolute Erlebnis der Prägnanz. Man kann ihn auch und gerade in der Negativfigur erfahren – als Katastrophe. Sie fasziniert als das Andere des Funktionierens, also der Eigenstabilität des Betriebs. Und sie entlastet: Die Katastrophe erspart Differenzierung. Der Akt ikonischer Zerstörung vom 11. September 2001 bot ein solches ästhetisch und mythisch prägnantes Ereignis als Ganzheitsersatz – vergleichbar nur dem Fall der Berliner Mauer.

Prägnante Weltdaten erzeugen das Bedürfnis, sich irgendwie antwortend zu verhalten. Auch die im folgenden zu entfaltende These bietet eine Sinnform an. Nun weiß man von den *non-contingent reward experiments*: Wer Sinn in die Unordnung hineinkonstruiert hat, ist kaum bereit, seine Konstruktion aufzugeben. Und zu Recht gibt man eine Konstruktion nicht schon deshalb auf, weil man sie als kontingent weiß. Man könnte es ja nur anders sehen, weil man es anders konstruiert hat. Denn alles, was man sieht, ist „constructed and constrained" – *constructed*, also nicht gefunden; *constrained*, also nicht erfunden.

Für den Schrecken des 11. September gibt es deshalb verschiedene mögliche Labels.

→ Man könnte von einem *Problem* sprechen und nach der Lösung fragen – z. B.: Hinter allem islamistischen Terror steckt das ungelöste „Palästinenserproblem".

→ Man könnte den Terror ein *Issue* nennen und sich fragen: Wie kann man es managen? Etwa durch neue Gesetze oder die Verstärkung von Anti-Terror-Einheiten?

→ Man könnte den 11. September als Ausdruck eines *Dilemmas* verstehen, also als eine Frage, die den Antwortenden in jedem Fall zum Verlierer macht. Das würde uns zu einem Reframing nötigen. Ist der Weltterror eine Folgelast der Globalisierung, der Aufstand der Ausgeschlossenen? Es spricht ja in der Tat vieles dafür, daß alle Strukturen der Weltgesellschaft von dem Supercode Inklusion/Exklusion überdeterminiert werden.

→ Vielleicht haben wir es aber auch mit einem *Paradoxon* zu tun, das man anerkennen sollte. Vielleicht läßt sich die Frage, ob wir die liberale Grundtugend der Toleranz auch gegen Intolerante üben sollten, gar nicht schlüssig beantworten – sondern, gemäß der Toynbeeschen Definition von Politik als *one bloody thing after the other*, immer nur von Fall zu Fall entscheiden.

→ Die Predigt der nach allen Seiten offenen Politiker und Gutmenschen modelliert die fundamentalistische Herausforderung als *Konflikt* – und das ermöglicht ihnen, an der Erwartung eines Konsenses festzuhalten. Das ist die Mentalität der Gipfelgesprächsdiplomatie, der schon Erich Kästner in der *Konferenz der Tiere* ein ironisches Denkmal gesetzt hat.

→ Man kann den 11. September schließlich auch als *günstige Gelegenheit* betrachten – z. B. um aufzurüsten.

Doch wie auch immer man konstruiert: Das Gesamtkunstwerk des Schreckens vom 11. September hat weltweit eine Diskussion über den islamischen Fundamentalismus angestoßen. Die einen sehen die westliche Zivilisation bedroht; die anderen versichern, der Islam sei eigentlich eine Religion des Friedens und würde von den Terroristen nur mißbraucht. Im folgenden wird diese Alternative zugunsten einer anderen Grundüberlegung zurückgewiesen: Der islamische Fundamentalismus ist heute, nach dem Untergang der großen politischen Ideologien, die weltweit massenwirksamste Form, den Antiamerikanismus zu instrumentieren.

Im Antiamerikanismus konkretisiert sich natürlich der Haß gegen die Lebensform des westlichen Konsumismus. Eine faszinierende Zuspitzung bekommt diese Antithetik durch die Einsicht, daß der Konsumismus zunehmend selbst Züge einer Weltreligion angenommen hat – für Religionssoziologen dürfte das seit Walter Benjamins Analyse des „Kapitalismus als Religion“ keine Überraschung mehr sein. Kurzum: Wir haben es heute mit einem Kampf der beiden Weltreligionen „Antiamerikanismus“ und „kapitalistischer Konsumismus“ zu tun.

Ähnlich wie in der Kunst die Unterscheidung Kunst–Nicht-Kunst die Unterscheidung schön–häßlich verdrängt hat, so scheint im System der Religion die Unterscheidung religiös–nicht religiös heute wichtiger zu sein als die Unterscheidung Immanenz–Transzendenz. Auf der einen Seite stehen die Menschen des Glaubens (welchen Glaubens auch immer!), auf der anderen formiert sich die säkulare Weltgesellschaft. Es gibt hier natürlich Strukturanalogien zur soziologischen Unterscheidung traditional–modern. Der Mensch des Glaubens gehört in die traditionale Struktur der wenigen Optionen und der starken Bindungen. Die säkulare Weltgesellschaft dagegen bietet viele Optionen, aber typisch nur schwache Bindungen. Daraus ergibt sich zwingend, daß eine Apologie der modernen Gesellschaft nicht versuchen sollte, neue starke Bindungen zu beschwören (Kommunitarismus, Bürgergesellschaft, Wertorientierung), sondern umgekehrt die Stärke der schwachen Bindungen deutlich zu machen.

Im Terrorismus, der das Heil in der Tat des absoluten Schreckens verdichtet, erreicht die Deflation des Sinns einen Extremwert. Im Konsumismus, der alltägliche Waren mit einem spirituellen Mehrwert versieht, erreicht die Inflation des Sinns einen Extremwert. Die moderne Gesellschaft wird also nicht nur „von außen" bedroht, sondern sie gefährdet sich auch selbst. Mit anderen Worten: Die Selbstmordattentäter sind Agenten der absolutistischen Unweltlichkeit, gegen die wir unsere moderne Weltlichkeit behaupten müssen. Doch die Moderne wird nicht nur durch die Unweltlichkeit des Terrors, sondern zugleich auch vom Unbehagen am eigenen Wohlstand herausgefordert. Dieses paradoxe Unbehagen am wachsenden Wohlstand haben Sozialpsychologen durch den deprimierenden Effekt von Zahlenverhältnissen erklärt. Das jeweils erreichte Bessere macht das Bisherige schlechter: mehr ist weniger!

Jedes Wachstum ist deshalb immer auch eines der Depression. Verständlich wird das vor dem Hintergrund der Shaw-Tragik, daß die Enttäuschung darüber, das Gewünschte nicht bekommen zu haben, noch überboten wird durch die Enttäuschung, die sich einstellt, sobald man das Gewünschte bekommen hat. Die primäre Erfahrung – und diese Einsicht hat Albert O. Hirschman zu seinen erstaunlichsten Einsichten geführt – ist die Enttäuschung. Wenn Wünsche aber unerfüllbar sind, dann wächst die Enttäuschung mit dem Wohlstand. Das ist die ökonomische Seite des Unbehagens in der Kultur. Und heute sehen wir, wie die

Frustration des Wohlstandes mit dem Ressentiment der Ausgeschlossenen konvergiert: im Antiamerikanismus.

Vor dem Hintergrund des gerade Gesagten bekommen die im Feuilleton hoch kontroversen, aber von der Zunft meist nur belächelten, großen geschichtsphilosophischen Thesen der letzten Jahre doch einen guten Sinn:

→ Francis Fukuyamas *End of History*, denn Hegels Geschichte im Sinne eines Fortschritts im Bewußtsein der Freiheit – und nur sie war von Kojève und Fukuyama gemeint – ist tatsächlich zu Ende. Wie Zarathustra es geahnt hat, steht nun der Mensch im Mittelpunkt: als Haustier des Menschen.

→ Samuel Huntingtons *Clash of Civilizations*, denn die kulturellen Differenzen werden zur Instrumentierung des Ressentiments aller Globalisierungsopfer immer wichtiger. Deshalb trifft auch die Einschätzung des Antiamerikanismus als ritueller Schematisierung interner Probleme der islamischen Welt einen entscheidenden Punkt.

→ Benjamin Barbers Antithese *Dschihad vs. McWorld*, die sich mit unserem Konzept eines Kampfs der Weltreligionen Antiamerikanismus und Konsumismus gut verträgt.

→ Niklas Luhmanns Supercodierung der Weltgesellschaft durch die Unterscheidung Inklusion–Exklusion, denn es gibt keine Brücke der Diskussion oder des „Dialogs der Religionen", die wir betreten könnten, um jene zu befrieden, über die der Prozeß der Modernisierung hinweggegangen ist.

Man kann all diese Überlegungen kontrahieren zu einem Modell, das ich das Dreikörperproblem der Weltgesellschaft nennen möchte. Sehr große Teile der

Weltgesellschaft leben *vormodern*; gemeint ist natürlich die sogenannte Dritte Welt, der wir die Dauerprobleme der Migration und des Fundamentalismus verdanken. Überall dort, wo Nationalstaaten noch versuchen, die Gesellschaft mit Steuern zu steuern, leben wir *modern*. Und überall dort, wo sich die Wissensgesellschaft formiert, die Global Players der Wirtschaft den Ton angeben und „smart cities" aus dem Boden schießen, zeigt sich die Welt *postmodern*. Es läßt sich nicht voraussehen, wie diese drei Körper sich wechselseitig beeinflussen werden – und das macht die Entwicklung der Weltgesellschaft in einem durchaus mathematischen Sinne unberechenbar.

Mit Relativismus hat das nichts zu tun. Ja mehr noch: Gerade an unserem Thema kann man erfahren, daß es unmöglich ist, ein Relativist zu *sein*. Jede Beobachtung ist nämlich immer auch eine Beobachtung erster Ordnung. Denn man kann immer nur an einem Ort sein und hat deshalb je nur eine Perspektive: „soweit ich sehe". Gadamer hat das die Vorurteilsstruktur des Verstehens genannt, der Konstruktivismus spricht vom blinden Fleck jeder Beobachtung, und der amerikanische Kontextualismus meint dasselbe mit seinem Begriff Embeddedness. Im Blick auf unser Thema heißt das, mit Mary Douglas, *culture is bias*. Und jenseits dieses Vorurteils ist nirgendwo.

Wir wissen seit Max Weber und Husserl, daß die moderne Gesellschaft eine spezifisch europäische Rationalität implementiert. Das ist bis heute unsere Embeddedness, aus der man sich nicht herausreflektieren kann. Mit anderen Worten: Die Einzigartigkeit europäischer Rationalität ist ein Konstrukt ihrer selbst und kann nur innerhalb ihrer selbst wahrgenommen werden. Das belegt gerade auch unser – in der modernen

Welt! – unkontroverser Spitzenwert: Freiheit. „Freedom of the individual in particular is a historically anomalous product of conditions peculiar to the Western world in the past few centuries." Wir können uns diesen faszinierenden Sachverhalt bewußt machen, aber ihn nicht von außen betrachten.

Soziologen wie etwa Dirk Baecker betonen zwar immer wieder zu Recht, daß, wer Kapitalismus sagt, Gefahr läuft, die Gesellschaft auf Wirtschaft zu reduzieren. Doch wir interessieren uns im folgenden gerade für den spezifischen Beitrag der kapitalistischen Wirtschaft zur Logik der Moderne. Albert O. Hirschman hat sehr schön gezeigt, daß der Kapitalismus als Exorzismus des „ganzen Menschen" die großartige Kulturleistung erbracht hat, die Leidenschaften und ihre Ungewißheiten in den Griff zu bekommen. Im System des kapitalistischen Wirtschaftens wurden die Menschen leidenschaftsloser, trockener und berechenbarer – man könnte sagen: sie wurden auf Zivilisationstemperatur gebracht. Und genau das hat ihm der Sentimentalismus der Entfremdungskritiker seither zum Vorwurf gemacht. „Capitalism was supposed to accomplish exactly what was soon to be denounced as its worst feature." Besonders einschlägig sind hier natürlich die Formulierungen des *Kommunistischen Manifests*, das Marktsystem habe „die persönliche Würde in den Tauschwert aufgelöst [...] und kein anderes Band zwischen Mensch und Mensch übriggelassen, als das nackte Interesse, als die gefühllose ‚bare Zahlung'".

Bei Lichte betrachtet, entsteht die soziale Kälte aber nicht durch das Prinzip des Kapitalismus, sondern durch die für sein Funktionieren erforderliche formale Organisation, also die Notwendigkeit, soziale Kooperation in großem Maßstab zu organisieren. Formale

Organisation ist in der modernen Gesellschaft genau so unvermeidlich wie unmenschlich; sie ist eins mit dem Verlust des Lebens in kleinen Gruppen. Der „ganze Mensch" trifft dann im Regelfall nur noch auf die unsympathische Außenseite der operativen Schließung des politischen und ökonomischen Systems. An der Bürokratie erfährt er das „unmenschliche" Geheimnis alles modernen Funktionierens: die Desanthropomorphisierung der sozialen Systeme. Schon Rousseau hatte ja diese fundamentale Leistung sozialer Institutionen erkannt: *denaturer l'homme*. Seither trifft man nur noch auf Ämter und Fremde. Und nur wer das zu schätzen weiß, kann die moderne Gesellschaft als den Fortschritt erfahren, den als Verlust der Menschlichkeit zu denunzieren zu den Urbeständen der Rhetorik der Reaktion gehört. Die Buntheit des Pluralismus gibt es nur durch die Fremdheit eines jeden: „universal otherhood".

Gerade auch die Linke, die einen rein politischen Fortschrittsbegriff pflegt, hätte gute Gründe, statt immer nur sentimentale Schwarzbücher des Kapitalismus zu fabrizieren, noch einmal über die zivilisatorischen Effekte des Marktsystems nachzudenken. Man könnte dabei aus der Geschichte lernen: keine Demokratie ohne Marktsystem. Daraus folgt nicht die zynische Empfehlung, die Moral durch den Marktmechanismus zu ersetzen. Vielmehr geht es darum, Moral nicht ethisch, sondern ökonomisch zu begründen – nämlich aus der Evolution der Kooperation. Es ist intelligent, nett zu sein. Wer dagegen Erfolg sucht, indem er die Dummheit der anderen ausnutzt, zerstört damit die Umwelt, in der er Erfolg haben kann. Je komplexer das Wirtschaftssystem, um so mehr hängt der eigene Erfolg vom Erfolg des anderen ab.

Wer die Dinge so sieht, wird nicht mehr versuchen, den westlichen Universalismus der Menschenrechte zu exportieren, sondern die „Risikostaaten" mit dem konsumistischen Virus zu infizieren. Deshalb ist es richtig, Wirtschaftsbeziehungen auch mit denen zu pflegen, die unseren ethischen Standards nicht entsprechen. Der pragmatische Kosmopolitismus ist konkret Konsumismus. Wir plädieren also, Sombart vom Kopf auf die Füße stellend, für die Händler und gegen die Helden – man könnte auch sagen: für Konsumbürgerlichkeit.

Der Haß Carl Schmitts gegen den ökonomistischen Denkstil des Liberalismus war sehr hellsichtig. Denn in der Tat läßt sich die urpolitische Freund-Feind-Unterscheidung weder auf den Konkurrenten auf dem Markt noch auf den Diskussionsgegner in der Arena der bürgerlichen Öffentlichkeit anwenden. Der Kampf um Anerkennung wandelt sich unter Bedingungen des Marktsystems zur Konkurrenz um einen Dritten, nämlich den Kunden. Das bringt auch sozialpsychologisch zahlreiche Vorteile. Erst die moderne Wirtschaft ermöglicht nämlich die Bewährung der Tüchtigkeit auf dem Feld der Pleonexie. Wirtschaftlicher Erfolg zeigt so einen Ausweg aus der Dialektik der Anerkennung – er kompensiert den Mangel an Achtung. Und auch der moderne Konsum ist eine liberale, unblutige Form, sich Anerkennung zu verschaffen. Hermann Lübbe hat von der „modernen Konsumökumene" gesprochen. Diese schöne Formulierung gewinnt noch an Brauchbarkeit, wenn man sie deskriptiv, also ohne ironischen Vorbehalt liest.

Und so lautet die Grundthese des konsumistischen Manifests: Das 21. Jahrhundert beginnt mit der Kritik der liberalen Vernunft, die von religiösen Fanatikern in der Weltsprache der Gewalt geschrieben wird. Im Terror islamischer Fundamentalisten manifestiert sich ein Antiamerikanismus, gegen den die westliche Welt keinen erfolgreichen Krieg führen kann, weil man – das war schon die Lektion von Vietnam – unter Bedingungen einer feminisierten Öffentlichkeit ohnehin keinen erklärten Krieg mehr führen kann. Doch wenn das zutrifft, bleibt dem Westen nur eine Hoffnung: der Marktfriede. Konkret besteht diese Hoffnung darin, daß sich der Virus – oder wie man im Anschluß an Richard Dawkins formulieren könnte: die Meme des kapitalistischen Wirtschaftens – auch in den heute noch vom antiamerikanischen Ressentiment besetzten Seelen reproduziert. Wirtschaftlicher Erfolg als Opium für die Fanatiker – das wäre eine großartige Bestätigung von Peter Druckers These: „Achievement is addictive." In dieser Hoffnung trifft sich das konsumistische Manifest übrigens mit dem kommunistischen. So schrieb Marx vor mehr als hundertfünfzig Jahren über die Bourgeoisie: „Die wohlfeilen Preise ihrer Waren sind die schwere Artillerie, mit der sie alle chinesischen Mauern in den Grund schießt, mit der sie den hartnäckigsten Fremdenhaß der Barbaren zur Kapitulation zwingt."

Die Friedlichkeit der Existenz, die vom Markt ausgeht, setzt universale Geldwirtschaft voraus. Unter diesen Bedingungen ist aber nur ein einziger Lebensstil massendemokratisch möglich, nämlich der Konsumismus. Der Konsumismus ist das Immunsystem der Weltgesellschaft gegen den Virus der fanatischen Religionen. Die Apologie dieses Lebensstils, bis hinein in die Sphäre der Liebe, muß nicht die Augen verschließen vor den Folgelasten der Modernisierung, den Ausschlußmechanismen unserer westlichen Rationalität und den Schicksalen der Globalisierungsopfer. Auch die immanenten Schwächen des konsumistischen Lebensstils, der vom *pursuit of happiness* nur den „happiness of pursuit" übrigläßt, liegen seit langem offen zutage. Heute wäre es aber an der Zeit, die Stärke in diesen Schwächen zu erkennen. Der Konsumismus verspricht weder das Ziel noch das Ende der Geschichte, sondern nur das immer wieder Neue. Und wo anders wäre, nachdem die Moderne den Himmel ausgeräumt hat, die Wendung von der Transzendenz zur Introszendenz möglich: die Eroberung der „diesseitigen Tiefe".

2. Der Terror

Wir alle spielen Theater, und seit dem 11. September 2001 wird ein tragisches Stück gegeben: Der Krieg gegen den Terror. Dieses Stück wird natürlich von den Politikern beherrscht, die die Probleme definieren und die entsprechenden Sprachspiele in Umlauf bringen. Es geht hier im wesentlichen um Rhetorik, und gerade in Krisenzeiten bewährt sich Murray Edelmans Formel: „political language *is* political reality". Deshalb ist die Macht bei den Namengebern. Wenn jeder denkt, das ist Krieg, dann ist Krieg. Mit anderen Worten: Heute geht man vernünftigerweise von der Tatsache aus, daß es keine Tatsachen gibt, von denen man ausgehen könnte.

Politische Kommunikation ist die Wirklichkeit des Politischen, und wir sind alle eifrig dabei, ihre Formeln zu kopieren. Weil Sprache die Menschen macht, die sie sprechen, fühlen wir uns in diesen Formeln durchaus geborgen. Daß nichts bleiben wird, wie es war, ist heute die Weisheit jedes Stammtischs. Nur allzu gerne erliegen wir der Magie des Datums. Von hier und heute, dem 11. September 2001, geht eine neue Epoche der Weltgeschichte aus – und wir können sagen, daß wir *live* dabeigewesen sind. Nun haben wir exakt dieses Pathos ja schon beim Fall der Mauer strapaziert, und es müßte einem unbefangeneren Beobachter doch seltsam erscheinen, daß sich die Weltgeschichte in nur zwölf Jahren gleich zweimal einen Ruck gibt.

Im Jargon der Neuen Ernsthaftigkeit figurieren drei Begriffe besonders prominent, die in der modernen Gesellschaft eigentlich gar keinen Platz mehr haben: der Krieg, der Feind und das Böse. Die rhetorischen Effekte sind klar. Daß es sich um einen „Krieg gegen den Terror" handelt, soll deutlich machen, daß jetzt nicht die Zeit der Analyse, sondern des Handelns ist; im Krieg wirkt alles Räsonnement wehrkraftzersetzend. Und angesichts dessen bringen es auch die deutschen Linksintellektuellen nur zu einer besinnungslosen Predigt der Besonnenheit. Daß *the good people of the world*, die in dieser Stunde alle Amerikaner sind, gegen niemand geringeren als die „Feinde der Zivilisation" kämpfen, bringt eine wunderbare manichäische Klarheit ins Chaos der Gewalt. Und hier steckt der wahre Kern des Vergleichs, den Ulrich Wickert zwischen den „Mentalitäten" Bushs und bin Ladens anstellte: Feinde arbeiten gemeinsam daran, die öffentliche Meinung zu polarisieren. Insofern hat der Terrorismus schon einen bedeutsamen Etappensieg errungen.

Daß der Krieg ein „gerechter Krieg" ist, weil er im Namen der Zivilisation geführt wird, impliziert, daß der Feind nicht als gerechter anerkannt, sondern als Unmensch bekämpft wird; er ist das inkarnierte Böse. Und so bringt uns der gerechte Krieg gegen die Unmenschen ganz automatisch auf die Seite des Guten. Dazu gehört auch das weltweite Gutsagen des Islam als Religion des Friedens. Damit beruhigt man nämlich nicht nur die Nerven der arabischen Welt, sondern entzieht dem Terrorismus die letzte mögliche Legitimationsbasis.

Eine derartige Pathetisierung des Moralischen ist aber nur möglich, wenn es gelingt, dem radikal Bösen – und dem genau komplementären Heilsversprechen –

ein Gesicht zu geben. Und zwar muß es das Gesicht einer geschichtswidrigen Erscheinung sein, wie bisher nur Hitler und Saddam. Ob nun auf den Fahndungsphotos der CIA oder den Prozessionen fanatischer Moslems – es war dasselbe Bild bin Ladens und dieselbe Intensität der Leidenschaften, die es entflammte. Und auf beiden Seiten bekommt man den Eindruck: Je geringer die Handlungsmöglichkeiten, desto größer das Pathos. Richard Nixon meinte einmal, den westlichen Staaten fehle *a mission beyond peace*. Das war natürlich im Blick auf die Nachweltkriegsordnung gemeint. Aber nach dem 11. September waren viele versucht zu sagen: Hier ist sie! Und diese Mission liegt auf exakt der Ebene, die bisher Sean Connery, Arnold Schwarzenegger und Bruce Willis vorbehalten war – dort, wo die große Entscheidungsschlacht zwischen Gut und Böse tobt.

Real betroffen vom Terror sind, soweit man sieht, die Amerikaner und die Israelis. Die Sympathisanten leiden am Leiden der Betroffenen – und befriedigen damit „das seelische Komfortbedürfnis nach Legitimität des Glückes". Gemeint ist ganz konkret das Glück, unbetroffen, geschützt, vom Ernstfall verschont zu sein. Das Schuldgefühl, das man als Nation der Unbetroffenen entwickelt, hat Deutschland in ähnlichen Situationen durch einen Ablaßhandel bewältigt, den die Neue Ernsthaftigkeit heute als Scheckbuchdiplomatie denunziert. In der Tat, wir haben bisher immer Geld bezahlt, um vom Ernstfall verschont zu bleiben. Doch das ist nicht feige, sondern lebensklug. Unsere Politiker tragen den Ernst als Maske, um uns den Ernst der Lage zu ersparen. Politiker können offenbar besser als Intellektuelle zwischen der Maske des Ernstes und dem Ernstfall unterscheiden. Nur so ist es zu erklären, daß viele Feuilletonisten der politischen Kommunikation auf den Leim gingen und die schon etwas verbrauchten Pathosformeln von „Wut, Trauer und Betroffenheit" zu einer Kultur der Neuen Ernsthaftigkeit auffrischen wollten.

Doch wie läßt sich dieser neue Trend erklären? Aus der Geschichte der Neuzeit kann man lernen, daß unsere Kultur immer dann nach Ausdrucksformen des Ernstes sucht, um die Welt zu bewältigen, wenn katastrophisches Geschehen mit übergroßer Wucht andrängt – das galt für das Barock Aug in Aug mit dem konfessionellen Bürgerkrieg, das galt für den Expressionismus im Angesicht des Weltkriegs, und das scheint nun auch für die Neue Ernsthaftigkeit zu gelten, die den Schock des Weltterrors parieren soll. Gerade die westliche Zivilisation in scheinbar endgültig befriedetem Zustand lehrt uns nicht mehr, wie man mit den Mächten der Destruktivität umzugehen hat. Und konfrontiert mit der Gewalt ohne Grund, die den Terror zum Horror macht, suchen wir jetzt verzweifelt nach Mustern des Umgangs mit menschlicher Aggressivität – Aby Warburg hat sie Pathosformeln genannt.

Ernst gehört heute in die gleiche Kategorie wie Natur, das Authentische, das Echte, der pure Stil. All das verkauft sich gut, nicht etwa weil es unserer *condition postmoderne* angemessen wäre, sondern weil es darüber hinwegtäuscht. Zugleich ist die Neue Ernsthaftigkeit ein Tarnname für Tabuisierung und Selbstzensur. Die Befriedigung, die dieser Jargon seinen Adepten bereitet, kann man in einem Satz resümieren: „Jetzt wird den postmodernen Ironikern das Lachen vergehen!" Doch Bangemachen gilt nicht. Nur wer sich nicht von der Gorgo-Maske des neuen Ernstes lähmen läßt, wird die Alternative zurückweisen können, die uns von der politisch-theologischen Rhetorik der Terroristen wie der Antiterroristen aufgedrängt wird.

Folgt man den Verlautbarungen unserer Politiker und der Realitätskonstruktion in den Massenmedien, so wird die Weltgemeinschaft durch Fanatiker, Terroristen und Fundamentalisten *von außen* bedroht. Markiert wird diese Weltsicht durch das neue Geschichtszeichen des 11. September. Doch könnte man, begünstigt durch eine wachsende Betroffenheitsmüdigkeit, die Dinge auch anders sehen. Wie wäre es, wenn die Moderne am Ground Zero vor den Ruinen ihrer eigenen Logik stünde? Der spektakuläre Terror und die farblose Apathie der schweigenden Massen, die sogenannte Politikverdrossenheit, wären dann als die zwei Seiten derselben Medaille erkennbar: minimale Partizipationschancen in der modernen Gesellschaft.

Die moderne Welt ist nicht mehr konsenspflichtig, sondern individuell „anschneidbar“: Das ist meine Welt – und sonst gar nichts! Der Widerstand, den man erfährt, führt dann nicht zum Zweifel an der eigenen Realitätskonstruktion, sondern wirkt radikalisierend. „Es genügt, die eigene Realitätssicht mit der eigenen Identität zu verschweißen und sie als Projektion zu behaupten.“ Ich bin mit mir kompromißlos identisch und bekenne mich dazu – im reichen Westen artikuliert sich das in Protestbewegungen, im armen Rest der Welt in fundamentalistischen Bewegungen. Sie suchen den Widerspruch, um ihren Trotz kommunizieren zu können. „In der Form religiöser Fundamentalismen wendet der moderne Individualismus sich gegen sich selbst, und deshalb muß die Kommunikation auf Radikalität, auf Glaubwürdigkeit des Unglaubwürdigen bestehen.“ Es geht hier im Kern um das Heilsversprechen der Identitätsgewißheit. „Identität“ ist Junk Food für die Globalisierungsverlierer, sagt Rem Koolhaas zu Recht.

In dieser Perspektive – der Perspektive einer Theorie der Moderne („the West") – erscheinen Fundamentalismus und Weltgesellschaft als Komplementärphänomene. In der Perspektive der Ausgeschlossenen dagegen („the Rest") strukturiert sich dasselbe Phänomen in apokalyptischer Antithese: Globalisierung der Wirtschaft vs. Globalisierung des Islam; die Menschen des Glaubens gegen die säkulare Weltgesellschaft. Das Erschrecken darüber hat Gilles Kepel in eine poetische Formel gebannt: *la revanche de Dieu.* Die von der Aufklärung verdrängte Religion kehrt wieder und schickt sich an, den Prozeß der Modernisierung zu revidieren. George Weigel spricht explizit von einer *unsecularization of the world.* Der Westen kann das nur beobachten, nicht aber dem islamistischen „challenge" mit einem geistigen „response" antworten. Denn der Okzident hat niemals große Religionen, sondern immer nur große politische Ideologien hervorgebracht. Nach dem Untergang der „großen Erzählungen" aber, also im postideologischen Zeitalter, werden die Religionen als Identitätsangebote konkurrenzlos.

Man kann die fundamentalistischen Bewegungen als Symptome für die „Krankheit" der modernen Gesellschaft lesen. Insofern handelt es sich um eine durch und durch aktuelle Form der Religion. Ihr Heilsversprechen besteht darin, uns den Preis der Modernität zu ersparen: Sicherheit und Gewißheit statt Freiheit und Ungewißheit. Manuel Castells hat diese Antithetik geradezu apokalyptisch zugespitzt: Hier die Welt des chaotischen Wandels, der Daten-, Finanz- und Bilderströme – dort die Suche nach ursprünglicher Identität; hier das Internet und sein Funktionalismus – dort das

Selbst und sein Sinnverlangen; hier die Vernetzung der Mächtigen und Reichen – dort die drei Fünftel der Weltbevölkerung, die durch die Maschen der Weltgesellschaft fallen. Und diese Antithetik schaukelt sich nach der Logik positiver Rückkopplung immer weiter auf.

Der Fundamentalismus ist die präzise Reaktionsbildung gegen den Ausschluß der Konsum- und Kommunikationslosen. Kraft einer „logic of excluding the excluders“ verwandelt er Funktionsschwäche in Sinnstärke. „When the Net switches off the self, the self, individual or collective, constructs its meaning without global, instrumental reference: the process of disconnection becomes reciprocal.“ Mit anderen Worten, hinter dem Spektakel des Fundamentalismus waltet die Supercodierung der modernen Gesellschaft: Inklusion – Exklusion.

Fatalerweise neigt nun das politische System selbst zu einer „fundamentalistischen“ Interpretation dieses Zusammenhangs; nichts ist ihm ferner als eine Deutung des Terrors als Selbstbedrohung der Weltgesellschaft. Die Politik des liberalistischen Westens mißversteht sich als globale, das heißt, sie verwechselt sich mit der Weltgesellschaft – und braucht deshalb einen globalen Feind. Dessen Gesicht wechselt (Hitler, Stalin, Saddam, Bin Laden), doch seine Funktion bleibt konstant. In einer Art *translatio hostilitatis* geht der Staffelstab der Weltfeindschaft vom Faschismus an den Kommunismus und heute eben an den Fundamentalismus über. „Liberalism requires a universal enemy so that its procedures of inclusion and exclusion can be implemented in the name of everyone.“

Wenn wir unser Problem nun etwas höher abstrahieren, erreichen wir die Ebene der Grundparadoxie des Liberalismus: Wie verhält sich eine aufgeklärte Kultur der Toleranz angesichts religiöser Intoleranz? Wenn etwa das „Reich Gottes" gepredigt wird, dann kann der moderne Staat das tolerieren, solange es irgendwie metaphorisch, also spirituell und innerlich gemeint ist – nicht aber als Aufruf zur politischen Theokratie. Der säkulare Staat kann den Gläubigen also nicht *in seinem Glauben* ernst nehmen. Wie in anderen Lebensbereichen auch, wird die Forderung nach Gleichheit vom Staat in Form von Gleichgültigkeit erfüllt.

Unter Soziologen ist es seit Max Weber unstrittig, daß sich das spezifisch Moderne unserer Gesellschaft darin zeigt, daß die einzelnen „Wertsphären" (wie etwa Wirtschaft, Politik, Kunst und eben auch Religion) „ausdifferenziert" sind, das heißt, daß sie autonom operieren und einer je eigenen Logik folgen. Das ist nicht für jedes System ein Glück. Ausdifferenzierung heißt nämlich für die Religion Säkularisierung. Säkularisierung bewirkt aber kein Erlöschen der Religion, sondern ihre Vervielfältigung. Man könnte hier von einer List der Unvernunft sprechen, die darin besteht, daß gerade die Säkularisierung theologische Gehalte im Profanen rettet. Deshalb müßte man, um die Religion zu neutralisieren, auch die Säkularisierung säkularisieren – das war bekanntlich Hans Blumenbergs Plan in der *Legitimität der Neuzeit*.

Das Kerygma als der harte Kern des Nichtsäkularisierbaren scheint sich heute in die Grenze zwischen Immanenz und Transzendenz, ja zwischen religiös und nicht-religiös zurückgezogen zu haben. Doch nur der Gläubige kann diese Grenze „kerygmatisch" deuten – für die moderne Gesellschaft ist es nur eine ihrer Teilsystemgrenzen. Und deshalb ist die Religion unglücklich über ihre Systemautonomie. Mit anderen Worten: Religion ist das soziale System, das eigentlich nicht anerkennen kann, nur ein soziales System unter anderen zu sein.

Wir (wir!) können uns den Prozeß der Modernisierung aber gar nicht anders denken denn als fortschreitende Ausdifferenzierung sozialer Systeme, die autonom operieren. Und das impliziert eben die Unabhängigkeit der Politik von der Religion. Die islamische Kultur hat das – nämlich Modernisierung qua Säkularisierung – jedoch bis heute nicht erreicht. Anders gesagt: Atatürks Projekt ist gescheitert. Nach wie vor ordnen die Muslime die Welt mit der Unterscheidung der zwei Rechtskreise „Islam" und „Ungläubige". Und genau damit manifestiert der Islam, daß er eine Religion ist, die sich noch ernst nimmt. Er beansprucht nämlich, einen privilegierten Zugang zur Wahrheit zu haben: „it is the essence of religion", bemerkt Stanley Fish, „to not be just like anything else".

Diesen Anspruch kann der moderne Staat natürlich nicht anerkennen. Deshalb wäre es sinnvoll, im Blick auf die gesellschaftliche Stellung der Religion Toleranz von Respekt zu unterscheiden. Toleranz nimmt die anderen nicht ernst. Stanley Fish spricht in diesem Zusammenhang von Boutique-Multikulturalismus; der reicht vom Palästinenserschal über den Urlaub in Nepal bis zu fernöstlichen Managerweisheiten. „The boutique multiculturalist resists the force of the culture he appreciates at precisely the point at which it matters most to its strongly committed members." Und wenn man diese eminent moderne Haltung des Boutique-Multikulturalismus auf die eigene religiöse Überlieferung anwendet, dann resultiert die sogenannte Zivilreligion. Das heißt im Klartext: Man glaubt zwar nicht an einen Gott, aber man schätzt die verhaltenssichernde Kraft der Rituale – etwa bei der Taufe, bei der Beerdigung und an Weihnachten. Oder man beschwört „christliche Werte“, wenn man politisch nicht mehr weiter weiß.

Mit dieser Form der Toleranz kann sich eine Religion, die sich ernst nimmt, nicht begnügen. Sie fordert Anerkennung und Respekt. Respekt kann aber gerade auch darin bestehen, die andere Auffassung zu bekämpfen – man denke etwa an zwangsverschleierte Frauen, abgehackte Diebeshände und Salman Rushdie. Wir können das Andere nur anerkennen, wenn wir unserer Toleranz eine Grenze setzen. Die politische Frage lautet dann konkret: Verläuft diese Grenze bei Schill oder bei Schily? Und das ist eine durch und durch pragmatische Frage – Prinzipien helfen hier nicht weiter.

Religion, die es ernst meint, ist nicht tolerant. Deshalb kann sie von der Religion der Toleranz, also dem Liberalismus, nicht toleriert werden. Man sollte sich hier nicht von der humanistischen Seminarerfahrung der Religionswissenschaftler und der politischen Korrektheit der Politiker irreführen lassen, die uns heute unisono einreden wollen, der Islam sei eine Religion des Friedens. Eine Religion predigt Toleranz, solange und wo sie nicht an der Macht ist. Und umgekehrt ist Macht immer ein Maß dafür, wie weit man sich nicht anpassen muß. Ich bin immer dann tolerant, wenn meine tiefsten Überzeugungen nicht berührt werden, und ich bin immer dann kompromißbereit, wenn ein Sieg unwahrscheinlich ist.

Für die Muslime ist der Koran das Wort Gottes. Dagegen heißt Aufklärung, die heilige Schrift als Literatur zu lesen. Der Gott der Frommen ist immer einwertig – man kann nicht mit ihm diskutieren. Gott sprach –

aber erst mit dem Teufel kommt dann Dialog in den Logos. Damit ist aber der Dialog, dieses Lieblingskind der Liberalen, des Teufels. So heißt es bei Adolf von Harnack sehr schön: „Man tritt in das Schema des Gegners über, wenn man stückweise seinen Thesen andere entgegensetzt!“ Wenn der Dialog beginnt, hat der Liberalismus schon gewonnen. Und dafür haben die Frommen ein untrügliches Gespür. Es ist deshalb absurd, sich irgendeinen *politischen* Fortschritt vom „Dialog der Religionen“ zu versprechen. Wenn sich die Fundamentalisten auf einen „Dialog“ einlassen würden, gäbe es gar keinen Grund mehr für einen Dialog. Stanley Fish spricht einmal vom „killing of religion by kindness“ – und genau das ist es, was die Fundamentalisten zu Recht im Dialog der Religionen wittern.

Fundamentalismus ist die Vorwärtsverteidigung einer Tradition, die sich nicht mehr von selbst versteht und unter ihrer Rechtfertigungsbedürftigkeit leidet; seine Aggressivität manifestiert sich als „refusal of dialogue“. Man kann die fundamentalistischen Bewegungen damit als genaue Reaktionsbildung auf Weltkommunikation, Liberalismus und eine durch soziale Reflexivität auf Dauer gestellte Unsicherheit verstehen. Diese Antithetik wird aber auch auf der Innenseite der Weltgesellschaft ganz selbstverständlich wiederholt. „Dialogic democracy presumes only that dialogue in a public space provides a means of living along with the other in a relation of mutual *tolerance* – whether that ‚other‘ be an individual or a global community of religious believers. Dialogic democracy therefore stands in opposition to fundamentalisms of all types.“

Gebetsmühlenartig wiederholt man bis tief in die sozialdemokratische Linke hinein die liberalen Monstranz-Begriffe Demokratie, Toleranz und Dialog –

und verstellt sich damit jeden Zugang zum Problem. Es ist nämlich, erstens, eine liberale Illusion zu glauben, Demokratisierung wäre gleichbedeutend mit Verwestlichung. Gerade durch fundamentalistische Appelle gewinnt man heute Wahlen. Daß die Herrschaft des Volkes nicht in den Kosmopolitismus, sondern in den Provinzialismus führt, hat Samuel Huntington als das demokratische Paradoxon bezeichnet. Es ist, zweitens, intellektuell unredlich, wechselseitige Toleranz als Heilsformel zu propagieren, ohne vorab das liberale Urdilemma des Umgangs mit der Intoleranz zu reflektieren. Und drittens: Auch hinter dem liberalen Dialog steht nicht etwa die Vernunft selbst, sondern ein Glaube: „faith in talk".

Wie schon für Carl Schmitt ist für Stanley Fish das ewige Gespräch der Kern des Liberalismus. Dessen Commitment, also die selbstverpflichtende Wertbindung, ist paradox: „the deferring of commitment". Die Liberalen können den Konflikt fundamentaler Glaubensüberzeugungen nur als Meinungsstreit modellieren, denn es gibt für sie prinzipiell keinen Konflikt, den man nicht in rationaler Deliberation auflösen könnte. Was aber eine Religion von einer bloßen Meinung unterscheidet, ist der Anspruch auf privilegierten Zugang zur Wahrheit. Und deshalb gibt es keine liberale Antwort auf die heute so dringliche Frage: Wie soll man mit Leuten diskutieren, die von der Überlegenheit ihrer Kultur überzeugt sind?

Der Fundamentalismus konfrontiert den Liberalismus mit Konflikten, die nicht auf Interessenkonflikte reduzierbar sind. Wer fromm ist, hat kein Interesse am Marktplatz der Ideen. Er hat die Wahrheit – und deshalb kein Interesse an einer anderen Wahrheit. Man kann es auch so sagen: Religion, die sich ernst nimmt, ist dogmatisch. Und im Dogma haben wir den eigentlichen Gegensatz zum liberalen Dialog. Es codifiziert die Wahrheit des rechten Glaubens und kann deshalb in unseren westlichen Spitzenwerten wie „Offenheit" (open society) und „othering" nur gottlose Verirrungen sehen. Für den Frommen sind die westlichen Werte schon deshalb unattraktiv, weil sie sich, inhaltlich völlig unbestimmt wie sie sind, bei näherem Hinsehen ganz in Verfahrensfragen auflösen: Variabilität, Offenheit, Andersheit, Dialogizität. Diese Neutralität unserer Spitzenwerte ist der Preis, den wir für unsere universalistischen Ansprüche zahlen müssen.

Wir haben gerade mit Stanley Fish die Paradoxie der liberalistischen Wertbindung bestimmt: Das Commitment des Liberalen besteht in einem „deferring of commitment". Dieser Trick erlaubt ihm dann die Formulierung universalistischer Ansprüche. Doch hier scheiden sich die Geister. „To the fundamentalist, the demand for greater generality in evaluative standards appears to be a demand to abandon the ‚real' commitments." Mit anderen Worten: Die neutralen Prinzipien des Liberalismus können nur operieren, wenn sie zuvor das geopfert haben, was die Leute wirklich interessiert. Vor allem der liberale Spitzenwert der Diversität entwertet alle anderen Werte.

So könnte die westliche Welt im Zerrspiegel des Fundamentalismus etwas zu sehen bekommen, was sonst im blinden Fleck ihres universalistischen Selbstverständnisses verborgen bleibt. Die Lektion lautet: Es gibt keine Rationalität und Toleranz ohne Grenzen, das heißt ohne Exklusion. Und Liberalismus war bisher vor allem auch die Kunst, diese Geste unsichtbar zu machen. „A neutral principle that faciliates the forgetting of history is repeating the forgetting that allowed it to emerge *as* a neutral principle." Die liberale Neutralität war stets eine Geste der Exklusion, die sich als Geste der Inklusion tarnte. Wer das einsieht, wird – wie schon einmal Max Weber – die Besonderheit des Universalismus okzidentaler Rationalität zu würdigen wissen. Und er wird sich der Illusion entschlagen, man könne zwischen Einschluß und Ausschluß, zwischen tolerantem Dialog und dem Clash of Civilizations wählen. „The debate is always between competing structures of exclusion."

Fundamentalistische Bewegungen sind für die demokratische Politik ein Skandal und für den Liberalismus ein Ärgernis. Hatte der Prozeß der Modernisierung das religiöse Bedürfnis nicht erfolgreich in den Hobbykeller der je eigenen Innerlichkeit zurückgedrängt? Vielleicht müßten wir heute umgekehrt fragen, was wir von der „Rache Gottes" über unsere moderne Gesellschaft lernen können. Deren Grundparadoxie ist die Notwendigkeit der Kontingenz. Und auf diese einzige Notwendigkeit der modernen Welt, nämlich daß alles auch anders möglich wäre, kann man sich nicht einstellen. Deshalb dominieren heute Begriffe wie Unbestimmtheit, Ungewißheit und Unübersichtlichkeit.

Das stolze Selbstbewußtsein der Moderne bestand nun genau darin, diese „Kontingenz als Stimulans" einer resolut technischen Welteinstellung zu rezipieren. Doch von Anfang an lag darauf der Schatten des Unbehagens derer, die das Ganze nur als das Unwahre erleben konnten – vom „Fluch der Kontingenz" spricht Adorno einmal in aller wünschenswerten Klarheit. Das klingt sehr abstrakt, markiert aber exakt das Zentrum unseres Problems: Kontingenz als Stimulans oder als Fluch? Setzt man auf Heilsgewißheit, oder arrangiert man sich mit der Ungewißheit als der Erwartung des Unerwarteten?

Auch der Fundamentalismus ist ja eine Antwort auf die Herausforderung prinzipieller Unsicherheit. Diese Unsicherheit kann man am einfachsten absorbieren, indem man sie personalisiert – nämlich als „Feind". Die Weltreligion des Antiamerikanismus ist dafür das aktuellste und eindrucksvollste Beispiel. Antiamerikanismus funktioniert offenbar ähnlich wie der Antisemitismus und ergänzt ihn auch gut; er fanatisiert die Massen weltweit. Daß sie vom Neid auf den wirtschaftlichen Erfolg des Westens angetrieben werden, ist nicht deshalb schon ein dummer Gedanke, weil er so einfach ist und naheliegt.

Doch Neid macht noch nicht fanatisch. Gerade im System des Konsumismus wird er in der „invidious comparison" der Konsumbürger untereinander habituell, gewissermaßen zur zweiten Natur – und deshalb nicht thematisch. Wir stehen hier vor einer echten soziologischen Paradoxie: Von Neid darf nicht gesprochen werden, gerade weil er eine der mächtigsten psychischen Antriebskräfte der westlichen Kultur ist. Um so besser lassen sich dann aber Geschäfte mit dem Neid machen, in der Werbung nicht anders als in der Politik. Man spürt die Schärfe dieses Tabus, wenn man sich und anderen vor Augen führt, daß auch der scheinbar so selbstverständliche Anspruch „sozialer Gerechtigkeit", dem also bloße Gerechtigkeit nicht genügt, einer Politik des Neids entspringt. Das ist kein Plädoyer gegen Sozialpolitik, sondern nur ein Hinweis darauf, daß ihre Implementierung nichts mit Gerechtigkeit zu tun hat.

Neid ist eines der wenigen Gefühle, die nicht reziprok sind – es korreliert mit Selbstmitleid. Um so faszinierender ist es, zu sehen, wie es der modernen Gesellschaft gelingt, die „unglückliche Selbstbehauptung" des Neiderfüllten in das eigentliche Sozialgefühl zu transformieren – sei es im Imitationskonflikt, sei es im auf das Begehren des anderen gerichteten Begehren. So sprechen amerikanische Ökonomen von *public envy*, also einem Neid zugunsten des öffentlichen Wohls. Das Finanzamt etwa ermöglicht Menschen, die vom Neid zerfressen sind, eine sozial nützliche Tätigkeit.

Unser gesellschaftliches System ist selbst eine Art Schule des Neids. Man lernt hier systematisch, sich als Unterprivilegierter zu verstehen: als Frau, als Farbiger, als Senior, als Homosexueller, als Buddhist, als dickleibig oder häßlich. Ich bin benachteiligt, also bin ich. Was geschieht hier eigentlich? Der Neider beobachtet das Glück der anderen – genauer gesagt: den Glamour, der als Symbol des Glücks erfahren wird – und begreift es nicht als Erfolg von Tüchtigkeit, sondern als Beweis der eigenen Benachteiligung, die nach gesellschaftlicher Kompensation verlangt.

Sobald der Neid aber keine soziale Ausdrucksform mehr findet, schlägt er um in Wut und schafft sich Luft in der Attacke auf Symbole des sozialen Unterschieds. Die wachsende ökonomische Entbehrlichkeit vieler Menschen macht diesen Umschlag immer wahrscheinlicher; die Überflüssigen werden ausgeschlossen. Und die Fanatiker nehmen sich nun der Menschen an, die die Weltgesellschaft aus sich ausgeschlossen hat.Wer *in* der Gesellschaft keine Anerkennung findet, sucht sie *gegen* sie. Aus Neid wird Fanatismus.

Beim Gebrauch des Begriffs Fanatismus ist allerdings Vorsicht geboten, denn ein Blick auf seine Geschichte zeigt: Der Fanatiker ist immer der andere. Das Tabu des Fanatismus kann – das hat Spaemanns Fénelon-Studie sehr schön gezeigt – prinzipiell jede Position treffen; daß nicht einmal die Vernunft selbst dagegen gefeit ist, zeigt schon die Rezeptionsgeschichte der Französischen Revolution. Um den Begriff dennoch sinnvoll zu gebrauchen, müssen wir ihn sehr hoch abstrahieren und formalisieren. Der Wortstamm ist „fanum", das Heiligtum. Aus ihm bezieht der Fanatiker unmittelbar seine Privatinspiration, seine idiosynkratische Offenbarung – und das macht ihn immun gegen Kritik. Er übertritt also das Selbstbefriedigungsverbot, das das Funktionieren moderner sozialer Systeme sichert. Fanatismus ist religiöse Onanie.

Von Winston Churchill stammt die schöne Definition: *A fanatic is one who can't change his mind and won't change the subject.* Der Fanatiker ist also die genaue Gegenfigur zu Nietzsches Freiem Geist; er verkörpert den Protest gegen die kognitiven Zumutungen eines „Life as Poly-Contexturality". Der Fanatiker erlöst von der Komplexität; er hat die Kraft, viele Dinge nicht zu sehen. Der Fanatismus ist also die Willensstärke der Schwachen und die Lebenssicherheit der Unsicheren; dahinter steht letztlich das Begehren nach einem Befehl. Wie wir bereits Fundamentalismus und Weltgesellschaft als Komplementärphänomene interpretiert haben, so gehören in der modernen Welt auch Fanatismus und Irritabilität wie konkav und konvex zusammen. In diesem Sinne spricht Niklas Luhmann von „Fanatismen und Fundamentalismen, wie sie in einer sich selbst hyperirritierenden Gesellschaft laufend reproduziert werden".

Daß der Fanatismus, vor dem die Weltgesellschaft erschrickt, ihr eigenes Produkt ist, bleibt ihr verborgen, weil er sie als ganze zu bedrohen scheint. Die „Furie des Zerstörens" möchte die Moderne in die Luft sprengen; aber das geht natürlich nur metaphorisch und metonymisch – also in den weltweit sendenden Massenmedien. Die spektakulären Bin-Laden-Videos setzen dabei lediglich die erfolgreiche Medienstrategie der Märtyrer-Videos und -Poster fort, mit deren Hilfe die Hamas seit Jahr und Tag ihren Kult des Selbstmords inszeniert. Die Heiligsprechung der Fanatiker und die Verheißung des Paradieses finden vor laufenden Kameras statt.

Gegen diesen „sacrificial war" sind im *War on Terror* nun erste Zeichen gesetzt worden – spektakulär in Afghanistan, aber auch in Deutschland etwa durch die Aufhebung des Religionsprivilegs und das Verbot des Kölner Kalifats. Natürlich sind Osama bin Laden und der Kalif von Köln Fanatiker. Aber es ist eben nicht die Vernunft selbst, die uns heißt, sie aus unserer Gesellschaft auszuschließen. Hier steht nicht Rationalität gegen Irrationalität. Seit Max Webers religionssoziologischen Untersuchungen könnte man vielmehr wissen, daß der *Clash of Civilizations* im Kern ein Konflikt von Rationalitäten ist. Und jede Rationalität operiert als Ausschlußmechanismus, als „engine of exclusion". Deshalb können die Intelligenten unter den Frommen die Beweislast leicht umkehren und den säkularen Geistern zeigen, daß sie den Gott der Vernunft bzw. der Diskussion anbeten. Besonders leichtes Spiel haben sie dabei seit jeher mit den Atheisten, die eben an den Unglauben glauben.

Man denkt mit dem, was man glaubt: „beliefs have you" – dieses Bewußtsein haben die Intelligenten unter dem Frommen den augeklärten Universalisten voraus. Mit anderen Worten: Der Glaube, der uns hat, ist der blinde Fleck unseres Denkens. Das hat nun eine für die Utopie eines „Dialogs der Religionen" vernichtende

Konsequenz: Ein Universalist und Multikulturalist kann einem Frommen keine „zwingenden Gründe" nennen. Denn um die Gründe als zwingend zu erfahren, dürfte er kein Frommer mehr sein. Deshalb sind Fundamentalisten und Universalisten heillos ineinander verklammert. Um diese Blockade zu lockern, müßte man die Alternative zurückweisen – der Rejektionswert ist *antifoundationalist.*

Der entscheidende Schritt dazu läge in der Erkenntnis, daß unsere kulturelle Lage durch einen Wiedereintritt der Unterscheidung Tradition – Moderne ins Unterschiedene geprägt ist: Wir verstehen uns, erstens, aus der *Tradition der Moderne* und sind auf die einzigartigen Errungenschaften des okzidentalen Rationalismus stolz. Zweitens sind wir mit der *Modernität des Traditionalismus* konfrontiert, die den Fundamentalismus als Intellektuellenbewegung ausweist.

Formelhaft gesagt: Fundamentalismus ist Traditionalismus als Intellektuellenrhetorik. „In most countries and most religions the people active in fundamentalist movements are young, college-educated, middle-class technicians, professionals and business persons." Der islamische Fundamentalismus hat also nichts mit Traditionspflege zu tun. Er ist die Intellektuellenerfindung einer reinen Wertevergangenheit, auf die man sich dann mit moralistischer Aggressivität berufen kann. „In this respect, Islamic fundamentalism bears a more than superficial resemblance to European fascism."

Ein Begriffsschema von Talcott Parsons kann uns dabei helfen, diese Zusammenhänge besser in den Blick zu bekommen. Parsons hat das normale Orientierungsmuster der modernen Gesellschaft durch zwei komplementäre Störungen bedroht gesehen, nämlich durch Regression und Utopie. Die eine ist deflationär, die andere inflationär. Deflationäre Tendenzen reagieren auf die wachsende Riskanz des modernen Lebens mit dem Angebot größerer Sicherheit auf Kosten der Freiheit; man greift auf primitive Muster zurück – indem man z. B. sein Geld nicht mehr in Aktien, sondern in Immobilien anlegt.

Diese Flucht in *real assets* kennzeichnet auch diejenigen deflationären Tendenzen, die man Fundamentalismen nennt. Sie reduzieren soziale Komplexität

→ durch die Betonung der Binnenmoral der jeweiligen Bezugsgruppe;

→ durch einen moralischen Rigorismus, vor dessen Standards jeder zum Schuldigen wird – also durch die Aufkündigung des sozialen Kredits (so wie jede Bank zusammenbrechen würde, deren Kunden gleichzeitig ihre Einlagen zurückfordern würden);

→ durch einen Zurechnungsmechanismus, der alles, was geschieht, als Ausfluß des göttlichen Willens verstehen läßt und damit jede moralische Verantwortung des Einzelnen aufhebt.

Inflationäre Tendenzen dagegen verharmlosen das Problem der Unsicherheit und Ungewißheit. Dem entspricht, erstens, ein Gottesbegriff, aus dem alle strafenden und disziplinierenden Momente entfernt sind – der nichts als liebe Gott. Und dem entspricht, zweitens, eine Vorstellung von Erfolg als Resultat der „richtigen Einstellung" zum Leben – think positive!

Der liebe Gott der Liberalen und der absolute Gott der Fundamentalisten sind also Komplementärphänomene. Zwischen ihnen wird eine religiöse und moralische Normalorientierung der modernen Gesellschaft immer schwieriger. Und so sieht Parsons die Weltgesellschaft in einer beständigen Oszillation zwischen einem „‚hell-fire and damnation‘ fundamentalism“ und der „sugary sentimentality of ‚positive thinking‘“.

Nur wer das nicht sieht oder sehen will, wird die Herausforderung der westlichen Welt durch den Islamismus als eine „geistige“ mißverstehen. Diese Perspektive legt dann natürlich nahe, der Westen möge sich wieder auf seine Werte besinnen. Dieser Ruf nach Werten zielt eigentlich auf die Unentrinnbarkeit eines Dogmas. Dogmen schützen uns vor dem endlosen Kreisen in unbeantwortbaren Fragen. Wir haben es hier mit einer spezifisch religiösen Leistung zu tun. So bedeutet „Die Wahrheit wird euch frei machen“ im Klartext: Akzeptiert das Dogma, dann habt ihr keine Probleme mehr. Ähnlich funktionieren heute auch die „Grundwerte“ als das Dogma der Zivilreligion. Sie verdecken die Paradoxie, die Ernst-Wolfgang Böckenförde so klar gesehen hat, daß nämlich der freiheitliche säkulare Staat von Voraussetzungen lebt, die er selbst nicht garantieren kann, ohne seine Freiheitlichkeit in Frage zu stellen. Deshalb ist heute so viel von *Constitutionalism* und Verfassungspatriotismus die Rede; diese Rhetorik zielt auf eine Substitution der Bibel durch die Verfassung.

Wer über einen Werte*verlust* jammert, verkennt den spezifischen Werte*verzicht* der modernen Gesellschaft. Daß sie nicht mehr zu bieten hat als formale Demokratie, Liberalismus und soziale Marktwirtschaft, ist gerade das Geheimnis ihrer Stärke. Aber es ist eben nicht die Vernunft, die uns diese Minimalwerte diktiert hat; sie sind vielmehr das unwahrscheinliche, erstaunliche Resultat der Geschichte abendländischer Rationalität, das *wir* uns nicht ernsthaft anders wünschen können.

Es gibt deshalb keinen aktuelleren Satz zu unserem

Thema als den ersten der Vorbemerkung von Max Webers *Gesammelten Aufsätzen zur Religionssoziologie*: „Universalgeschichtliche Probleme wird der Sohn der modernen europäischen Kulturwelt unvermeidlicher- und berechtigterweise unter der Fragestellung behandeln: welche Verkettung von Umständen hat dazu geführt, daß gerade auf dem Boden des Okzidents, und nur hier, Kulturerscheinungen auftraten, welche doch – wie wenigstens wir uns gern vorstellen – in einer Entwicklungsrichtung von *universeller* Bedeutung und Gültigkeit lagen?" Das Universelle ist das spezifisch Westliche, und das Westliche hat universelle Gültigkeit – *wir müssen* es so sehen. Wohlgemerkt: Wir *können* es nicht anders sehen, aber wir *dürfen* es auch so sehen. Damit ist jedoch auch gesagt, daß das, was aus unserer Perspektive als „universal" erscheint, für die anderen nur als „westlich" erscheint.

Die uns vertraute Rede von Menschenrechten, Demokratie, Freiheit und Individualismus ist also alles andere als voraussetzungslos. Wir haben es hier mit jenen neutralen Prinzipien zu tun, die uns die Geschichte vergessen lassen und damit jenes Vergessen wiederholen, das es ihnen ermöglicht (hat), als neutrale Prinzipien zu erscheinen. So hat Carl Schmitt immer wieder darauf hingewiesen, daß die staatstheoretischen Begriffe des Abendlandes säkularisierte theologische – und das heißt eben konkret: christliche – Begriffe sind. Dafür hat der islamische Fundamentalismus eine hohe Sensibilität. Dan Diner spricht genau in diesem Zusammenhang von einem „westlichen Begriffsmonopol in universalistischem Kleid".

Die Freie Welt nennt sich heute Weltgemeinschaft; gemeint ist aber nach wie vor die westliche Welt. Und wir, die Bürger dieser Welt, können uns nicht damit abfinden, daß unsere wichtigsten Werte nur für den Westen wichtig sind. Daß auch der Kollektivsingular „Zivilisation“ eine Erfindung des westlichen Universalismus ist, hat sich gerade in der Selbstverständlichkeit manifestiert, mit der die westlichen Staatsmänner den Terror bin Ladens als Kriegserklärung gegen die gesamte Zivilisation interpretiert haben. Und auch anderswo, etwa in China, tritt der Begriff der „universalen Zivilisation“ dem Rest der Welt als Imperialismus der Menschenrechte entgegen.

Der islamische Fundamentalismus als intellektuelle, rhetorische Vorwärtsverteidigung einer von Modernisierungsprozessen ausgehöhlten Tradition gewinnt seinen polemischen Sinn erst vor dem Hintergrund der Einsicht, daß die Geschichte des okzidentalen Rationalismus mit seinem Kult der Innovation eine Tradition der Traditionsfeindlichkeit ist. Andere können darin nur Kapitalismus oder Gottlosigkeit sehen und stoßen uns mit ihrer Militanz in jenen Wertekonflikt der Toleranz. Man darf gespannt sein, wie unsere Gesellschaft sich nun verhält. Sicher ist nur, daß man einen Wertekonflikt nicht mit übergeordneten Werten lösen kann, sondern nur politisch.

Wenn der 11. September 2001 ein neues Geschichtszeichen ist, dann steht es dafür, daß nur der Terror den Monolog der Globalisierung aufbrechen kann. Und seither sind wir fasziniert vom Ausnahmezustand. Es gibt zwei literarische Gestalten, die vielleicht mehr über die Magie des Terrors verraten als ganze Bibliotheken politologischer Literatur. Da ist zunächst Naphta aus Thomas Manns *Zauberberg*. Dahinter soll sich der junge Georg Lukács verstecken, in dessen *Ethischen Fragmenten* es einmal heißt: „Güte ist Besessenheit, sie ist nicht mild, nicht raffiniert und nicht quietistisch, sie ist wild, grausam, blind und abenteuerlich. Die Seele des Guten ist leer geworden von jedem psychologischen Inhalt, von Gründen und Folgen, sie ist ein reines, weißes Blatt geworden, auf das das Schicksal seinen absurden Befehl schreibt, und dieser Befehl wird blind, tollkühn und grausam zu Ende geführt."

Das ist die terroristische Güte, die wie die göttliche in ihrer Verschränkung von Heiligkeit und Grausamkeit das Gesetz sprengt. Lukács spricht hier von einer Zweiten Ethik des Terrors, die gewaltsam und unmenschlich Ordnung in der verwirrten Welt des Humanum schafft. Der Terrorist ist der Gnostiker der Tat, der das Verbrechen als Notwendigkeit im Kampf gegen die falsche Welt auf sich nimmt. So wird der terroristische Rechtsbruch zum „Durchbruch ins Religiöse" stilisiert. Georg Lukács notiert am 23. Oktober 1911 in sein Tagebuch: „Der Heilige muß Sünder gewesen sein; er kann nur durch [...] das Gesündigthaben hindurch das Sein absolut unter sich haben."

Der Terrorist als Held opfert sein Ich auf dem Altar der Idee. Er ist zu seiner Tat berufen, ohne daß doch die Berufung den Mord legitimierte. Der Terrorist darf nicht morden – und muß es doch. Er opfert seine Moral, und dieses *sacrificio dell'anima* führt ihn ins Reich der Zweiten Ethik. Das Urbild dieser Reflexion fand der junge Lukács in Hebbels *Judith*, die auf eine zwischen sich und ihre Tat von Gott gestellte Sünde prallt und doch weiß, daß sie nicht darüber hadern darf. Ihren terroristischen Index gewinnt die Zweite Ethik durch die Überschreitung des absoluten Gesetzes, nicht zu töten. In einem Brief von Lukács an Paul Ernst vom 4. Mai 1915 heißt es: „Hier muß – um die Seele zu retten – gerade die Seele geopfert werden: man muß, aus einer mystischen Ethik heraus, zum grausamen Realpolitiker werden."

Das fundamentalistische Heilsversprechen verwandelt Unglück und Elend in revolutionäre Energie. Die Ansage der Strafgerichte ermöglicht eine einheitliche sinnhafte Stellungnahme zum Leben. Diese Zweite Ethik ist natürlich nicht mehrheitsfähig, auch nicht in einer großen antimodernen Ressentimentbewegung. Doch für den fundamentalistischen Terroristen ist es psychologisch gerade von Vorteil, zu einer kleinen radikalen Minderheit zu gehören, denn ihr Heilsversprechen wappnet gegen die Kontingenz der Welt, indem es sie in sich aufnimmt: nur wenige sind auserwählt.

Die Faszinationskraft der fanatischen Gewißheit verdankt sich einer Konstruktion, die die Welt mit der religiösen Unterscheidung Heil–Verdammnis ordnet. Der entscheidende *psychologische* Effekt besteht darin, daß das Heilsversprechen zugleich Hysterie und Hoffnung produziert. *Soziologisch* bedeutsam ist, daß die Heilsgewißheit den größtmöglichen Gegensatz zur spezifisch modernen Ungewißheit darstellt. Spezifisch modern ist diese Ungewißheit nämlich als autologischer Begriff, das heißt „uncertainty itself is subject to uncertainty".

Um die Dynamik fanatischer Heilsgewißheit besser zu verstehen, ist Richard Dawkins Konzept der Meme hilfreich. Gemeint sind sich selbst reproduzierende Informationsmuster, die unsere Gehirne parasitieren – Meme sind kulturelle Viren. In der Umwelt des westlichen Liberalismus gedeihen die Fanatismen besonders gut, denn „the meme for faith exhibits frequency-dependent fitness: it flourishes best when it is outnumbered by rationalistic memes". Der Fanatiker ist von der Meme des religiösen Heilsversprechens besessen – das eigene Überleben wird dabei zweitrangig. Wie alle Märtyrer stellen sich auch die Selbstmordattentäter in den Dienst des Überlebens einer Idee. Wie alle Märtyrer machen sich die Selbstmordattentäter selbst zum stärksten Argument – man kann ihnen nicht mehr widersprechen. So wird der Glaube zur Waffe.

Vielleicht aber ist der fundamentalistische Terror noch gar nicht das Schlimmste, das der Weltgesellschaft droht. Denn in der religiösen Begründung des Schreckens steckt ja noch ein Trost der Verstehbarkeit. In Joseph Conrads Roman *The Secret Agent* geht der Nihilismus noch einen Schritt weiter: „A bomb outrage to have any influence on public opinion now must go beyond the intention of vengeance or terrorism. It must be purely destructive. [...] Madness alone is truly terrifying, inasmuch as you cannot placate it either by threats, persuasion, or bribes. [...] The attack must have all the shocking senselessness of gratuitous blasphemy."

Wie also verarbeitet die Gesellschaft den absolut nihilistischen Akt? *Madness* – das heißt, der Terror dient der Weltgesellschaft als funktionales Äquivalent für den Wahnsinn; an ihm versichert sie sich ihrer eigenen Vernunft. *Blasphemy* – das heißt, wir haben es mit einem Kult des Bösen, also einer inversen Religion zu tun, in der das Sakrament durch das Sakrileg ersetzt wird. Ist es nicht genau das, was uns der 11. September geboten hat? War das nicht die maximale Focussierung der Aufmerksamkeit einer Weltöffentlichkeit in den Massenmedien? Und müssen wir uns nicht fragen, ob wir uns zu schnell trösten, wenn wir uns den „global insurgent" Osama bin Laden als Gotteskrieger modellieren?

3. Der Krieg

Das, was das Völkerrecht, die klassische Politik, aber auch die großen Philosophen der Moderne unter Krieg verstanden haben, gibt es nicht mehr. Im Rückblick wird klar, daß der Krieg, der noch seinem neuzeitlichen Begriff entsprochen hat, ein bewundernswertes Artefakt europäischer Rationalität war. Und das zwingt uns heute zu der schmerzlichen Einsicht, daß es schlimmeres gibt als den Krieg. Wenn man die Dinge so sieht, kommt man auch mit einem philosophischen Ärgernis besser zurecht, das oft betont, aber selten verstanden wurde: daß sich nämlich bedeutende Philosophen immer wieder zum Lob des Krieges bereitgefunden haben.

Wie versichert man sich seiner Existenz? Descartes' Cogito formulierte erstmals die Gewißheit der Selbstreferenz: Ich denke, also bin ich. Das mag für manche Philosophen bis heute genügen. Wenn man aber die Unsicherheit, gegen die das Cogito schützt, existentieller faßt, muß man Descartes mit Hobbes koppeln. Der fundamentale Satz des *Leviathan* lautet: „the weakest has strength enough to kill the strongest". Jeder kann jeden töten – und jeder weiß das. Deshalb müssen die Menschen eine Technik erfinden, mit der man die frei flottierende Gewalt monopolisiert, das heißt in ihren Begriff einschließt, daß sie eigentlich ausgeschlossen ist. Diese Technik ist der moderne Staat. Den Schutz gegen die existentielle Unsicherheit des barbarischen

Urzustandes bezahlen die Menschen mit Gehorsam, eben staatsbürgerlichem Gehorsam. Mit anderen, nämlich Hobbes' Worten liegt die Lösung des Problems, daß jeder jeden töten kann, in der „mutuall Relation between Protection and Obedience". Genau hier hat Carl Schmitt seine brillante Pointe einer Kopplung der Fundamentalsätze von Descartes und Hobbes angebracht: „Das protego ergo obligo ist das cogito ergo sum des Staates."

Bekanntlich ist der Krieg aller gegen alle ein Konstrukt, der hypothetische Urzustand der Gesellschaft, der ganz von dem angsterfüllten Bewußtsein geprägt ist, daß jeder jeden töten kann. Mit den Worten des Thomas Hobbes: „every man is Enemy to every man." In diesem Zustand gibt es weder richtig noch falsch, weder Recht noch Unrecht. Der aktuelle Hintergrund dieses Ursprungsmythos war natürlich der konfessionelle Bürgerkrieg, ein Krieg aller gegen alle, der daraus entstanden ist, daß jeder nur das allgemeine Beste wollte. Der Staat beendet die Allgegenwart der Gewalt. Das Recht instauriert sich, indem es die Menschen ihres Urrechts enteignet: „Das Urrecht der Erwiderung von Gewalt durch Gewalt wird gebrochen."

Als alle sich um der Wahrheit willen die Köpfe einschlugen, war der Staat das befriedende Artefakt der Souveränität: höchstes Kunstprodukt der westlichen Rationalität. Zu Recht hieß er bei Hobbes die Maschine aller Maschinen – wie heute der Computer. Dem Staat verdanken wir die Menschwerdung des modernen Menschen, sofern er Gewalt monopolisierte und nur noch „politisch" ausüben ließ – von Amts wegen und in Demokratien dann endlich auch ohne traditionale Autorität, im Wechselspiel von Regierung und Opposition. Später hat dann Friedrich von Hayek die

Demokratie als die Technik definiert, die Köpfe zu zählen, um sie nicht einschlagen zu müssen.

Seit Hobbes beruht Autorität auf Autorisierung. Weil niemand die Wahrheit kennt, *kann* niemand absolute Autorität beanspruchen – da hat Locke recht. Aber gerade deshalb *muß* jemand absolute Autorität beanspruchen – so Hobbes. Und wer entscheidet? Diejenigen, deren Job es ist, Entscheidungen zu fällen: „because none of us is a god some of us must decide." Den Endpunkt heilsamer Ernüchterung erreichte der Staat, als sein Begriff nur noch als semantisches Hilfsmittel für die identitätsstiftende Selbstbeschreibung des Funktionssystems Politik galt. Seither leben wir nach dem Staat – und können ihn rückblickend als grandioses Design bewundern. Einige müssen allerdings von Berufs wegen an der Illusion festhalten, der Staat sei immer noch die „moderne" Antwort auf die Komplexitätsprobleme unserer Welt – nämlich die Politiker. Ihre Begriffe wie Repräsentation, Souveränität und Öffentlichkeit haben heute eine Aura wie vergilbte Photos.

Die neuzeitliche Kasernierung der Gewalt durch den Staat in Polizei und Militär entfaltet die Paradoxie, daß die einzig legitime Gewalt diejenige ist, die Gewalt austreibt. Gewalt ist das im Staat eingeschlossene Ausgeschlossene der Neuzeit. Das *summum malum*, nämlich der Bürgerkrieg, erscheint nun als Problem, das der Staat löst. Er ist ein erstaunliches Artefakt europäischer Rationalität, genau so unwahrscheinlich wie die Humanität einer Feindschaft, die den Feind als gerecht anerkennt. Der Staat als katechontische Macht gegen den ständig drohenden Bürgerkrieg – das läßt sich historisch präzisieren. Der Hobbessche Staat ist der gebändigte Bürgerkrieg der Konfessionen, und deshalb kann man sagen: er hat Europa säkularisiert.

Die europäische Rationalität ist vor allem auch juristische Rationalität, und ihr verdankt die Geschichte der modernen Staaten eine extrem unwahrscheinliche Errungenschaft: das humane *Framing* des Krieges. Der Krieg wird nun nur noch von rational organisierten, berechenbaren Staaten geführt. Die juristische Verstaatlichung des Kriegsbegriffs und die damit verknüpfte Nationalisierung der Feindschaft ermöglichen den „gehegten Krieg" und die „dosierte Feindschaft". Wie erstaunlich diese Errungenschaft ist, wird vor dem Hintergrund des Hobbesschen Ursprungsmythos sehr deutlich: Die namenlose Angst des von allen Bedrohten ist Ausdruck absoluter Unsicherheit. Der Feind ist demgegenüber die personifizierte Unsicherheit – und damit schon deren Absorption. Man hat Angst, solange der Feind unbestimmt ist. Deshalb ist es entscheidend, den Feind zu erkennen und anzuerkennen – dann endet die Angst.

Es ist heute einer der am schwersten zu fassenden Gedanken, daß es einen humanen Begriff der Feindschaft geben könnte. Genau das aber unterstellen das Jus Publicum Europaeum und sein „letzter, bewußter Vertreter", Carl Schmitt. In ihrer prägnantesten und provozierendsten Form lautet die These: Die christliche Forderung „Liebe deinen Nächsten als dich selbst" und der Satz Carl Schmitts „Der Feind ist meine eigene Frage als Gestalt" sind funktional äquivalent. Beide implizieren, daß ich und mein Nächster derselbe andere sind.

Es gehört zu den Ironien der Weltgeschichte, daß der humane Begriff des Feindes gerade im Namen der Humanität liquidiert wurde. „Der Begriff der Menschheit schließt den Begriff des Feindes aus, weil auch der Feind nicht aufhört, Mensch zu sein und darin keine spezifische Unterscheidung liegt." Der Krieg im Namen der Menschheit kann also nur gegen Unmenschen, gegen Verbrecher geführt werden – Saddam, Milosevic oder bin Laden zum Beispiel.

Solange man noch klar zwischen Krieg und Frieden, Freund und Feind unterscheiden konnte, war die Welt noch in Ordnung. Der Feind war kein Verbrecher, sondern als gerecht anerkannt; und der Krieg war begrenzt, „gehegt" wie man sagte. Der Spielcharakter der Kabinettskriege markiert hier einen Extremwert. Es gab noch Nicht-Kombattanten. Die Feindschaft blieb konventionell. Nicht der Krieg war gerecht, sondern der Feind.

Man kann es, mit Hegel, auch so sagen: Im Krieg haben beide Staaten recht, aber keiner hat das wahre Recht; der Krieg ist also „ein Drittes", das entscheidet, „welches Recht dem anderen weichen soll". Die gegenseitige Anerkennung der Staaten ist „ein Band", das auch durch den Krieg nicht zerschnitten wird. So kann Hegel sagen: „Die neueren Kriege werden daher menschlich geführt, und die Person ist nicht in Haß der Person gegenüber."

In der modernen Welt der Partisanen, revolutionären Kämpfer und Terroristen ist es völlig anders. Vor ihnen versagt jeder Versuch einer juristischen Regelung. Der Feind ist Verbrecher und steht außerhalb des Gesetzes, nicht *er* ist gerecht, sondern der Krieg. Nach dem Framing des Krieges kommt jetzt die Dekonstruktion des Rahmens, die keine klaren Unterscheidungen mehr zuläßt. Die Geschichte des modernen Krieges ist insofern eine der Rebarbarisierung – die Feindschaft wird absolut.

Absoluter Feind vs. gerechter Feind, totaler Krieg vs. gehegter Krieg – solche Antithesen pointieren den für uns entscheidenden Sachverhalt, daß die humane Konstruktion des Thomas Hobbes nur hundertfünfzig Jahre gehalten hat. Die Moderne hat den Leviathan, dessen Rechtfertigung ja darin bestand, den Bürgerkrieg niederzuhalten, besiegt und damit den Weltbürgerkrieg entfesselt. Die Hobbessche Formel *auctoritas non veritas facit legem* hatte es ausgeschlossen, Politik im Namen der Wahrheit zu machen. In der Moderne werden aber wieder Kriege im Namen von Ideen geführt. Nun gibt es wieder Parteien, die nur das allgemeine Beste wollen, und ihre engagierten Parteigänger, die Partisanen, erscheinen aus der Perspektive des Jus Publicum Europaeum als Parasiten, als Störer der Kriegsordnung. Man kann diesen Feind erst erkennen, wenn er angreift. Der Partisan dekonstruiert nicht nur die Unterscheidung militärisch–zivil, sondern auch die Unterscheidung Sieg–Niederlage: nicht zu verlieren, genügt ihm, um zu siegen. Wir erinnern uns an Vietnam, die Russen erinnern sich an Afghanistan.

Es gibt aber nicht nur ideologische, sondern auch massiv technische Gründe dafür, daß das Framing des Krieges im 20. Jahrhundert scheitert. Die Waffen der Weltkriege sind Vernichtungswaffen, und daraus folgt logisch, daß man sie gar nicht gegen als gerecht anerkannte Feinde einsetzen kann, sondern nur gegen Unmenschen – in einer Art Insektenvernichtung. Schon die Phosphorbomben auf Dresden konnten nicht mehr zwischen Freund und Feind, Kombattant und Nicht-Kombattant unterscheiden. Wo Bombenteppiche ausgerollt werden, verliert die Unterscheidung von Kämpfern und Nichtkämpfern ihren Sinn. Man bekommt den Feind gar nicht mehr zu Gesicht. Um so wichtiger wird heute deshalb die elektronische Freund-Feind-Unterscheidung, die sich von der hinfälligen Urteilskraft des Menschen emanzipiert hat. So löst sich der Kernbestand des Militärisch-Politischen, die Unterscheidung von Freund und Feind, in menschenferner Maschinenkommunikation auf. Und auch die Unterscheidung zwischen Sieger und Verlierer wird immer schwieriger. Kriege sind heute – man denke nur an die brennenden Erdölfelder des Golfkriegs – nicht mehr „letzte Entscheidungsverfahren", sondern prinzipiell „ökologische Katastrophen ohne Sieger und Verlierer".

Die Nazis hätten den Zweiten Weltkrieg gerne als Wiederholung der Antike auf der Spitze der Modernität inszeniert: Sieg Heil. Der Sieg ist die antike Gestalt des Glücks, und er vergegenwärtigt das Heil. Deshalb suchen die abenteuerlichen Herzen auch noch in den Stahlgewittern nach dem Festlichen. So behauptet Roger Caillois eine funktionale Äquivalenz zwischen Krieg und Fest. Mit anderen Worten: Auch der Krieg muß als repräsentative öffentliche Inszenierung und Ausdruck der Gruppenidentität verstanden werden. Und ein so untadeliger Wissenschaftler wie Kenneth Burke stellt zerknirscht fest: „Unfortunately, in the modern state [...] the act that comes closest to the totality of tribal festivals and the agape is the act of war."

Doch nicht umsonst haben wir unsere Überlegungen mit Hobbes begonnen; er markiert die Differenz zwischen antikem und modernem Kriegsbegriff besonders deutlich. Antik ist der Krieg auf Sieg, Heil und Glück bezogen – modern aber nur noch auf Angst. Und je größer der Horror, desto dringlicher das Bedürfnis, die Angst zu betäuben. Erstaunlicherweise dient hier gerade das Ästhetische als erfolgreiches Anästhetikum. Ein marxistischer Kritiker des Futurismus hat diesen Zusammenhang einmal so dargestellt: „Die

Menschheit, die einst bei Homer ein Schauobjekt für die olympischen Götter war, ist es nun für sich selbst geworden. Ihre Selbstentfremdung hat jenen Grad erreicht, der sie ihre eigene Vernichtung als ästhetischen Genuß ersten Ranges erleben läßt."

Daß das wortwörtlich zu nehmen ist, bestätigt eine berühmte Stelle aus den Kriegstagebüchern von Ernst Jünger, die wohl als unüberbietbares literarisches Urphänomen der Ästhetisierung des Krieges angesehen werden darf: „Paris, 27. Mai 1944. – Alarme, Überfliegungen. Vom Dache des ‚Raphael' sah ich zweimal in Richtung von Saint-Germain gewaltige Sprengwolken aufsteigen, während Geschwader in großer Höhe davonflogen. [...] Beim zweiten Mal, bei Sonnenuntergang, hielt ich ein Glas Burgunder, in dem Erdbeeren schwammen, in der Hand. Die Stadt mit ihren roten Türmen und Kuppeln lag in gewaltiger Schönheit, gleich einem Kelche, der zu tödlicher Befruchtung überflogen wird. Alles war Schauspiel, war reine, von Schmerz bejahte und erhöhte Macht."

Wenn das *Framing* des Krieges scheitert, bleibt nur noch das *Containment* des Schreckens im Schönen. Wir hätten Rilke besser verstanden, wenn er gedichtet hätte, das Schöne sei nichts als des Schrecklichen Ende. Meine These lautet deshalb: Die Ästhetisierung des Krieges markiert sein Ende. Und danach kommt Schrecklicheres. Das 18. Jahrhundert hatte die Hölle philosophisch erledigt; im 20. kehrte sie real wieder – als Terror und Horror. Schon die Zeitgenossen hatten den Eindruck, Hieronymus Bosch illustriere den Zweiten Weltkrieg.

Das Subjekt der Gewalt ohne Grund hat viele Namen: Urmensch, der alte Adam, *homo natura.* Terror und Horror des 20. Jahrhunderts haben Nietzsche und

Freud recht gegeben: Kultur ist tatsächlich nur ein dünnes Apfelhäutchen über glühendem Chaos, und wenn es platzt, bewegt sich der Acheron und unser archaisches Erbe geht in Führung. „Der Urmensch [...] mordete gerne und wie selbstverständlich." Das läßt man sich von Freud durchaus sagen, weil es sich nur auf unsere Ururahnen zu beziehen scheint. Aber es ist ja gerade die Pointe der psychoanalytischen Kulturtheorie, daß auch die Spätkultur den Urmenschen nicht los wird. In der psychischen Realität herrscht nach wie vor *homo natura*. „So sind wir auch selbst, wenn man uns nach unseren unbewußten Wunschregungen beurteilt, wie die Urmenschen eine Rotte von Mördern." Und hundert Jahre nach Freuds Doppeltheorie von Eros und Thanatos kann man resümieren: Mit der Sexualität hat sich unsere Kultur arrangiert, nicht aber mit der Aggressivität.

Bisher hatte die Religion die gesellschaftliche Funktion, dieses Problem erfolgreich zu verdecken. Das Religiöse entwendet dem Menschen die Gewalt und verwandelt sie in Transzendenz. Nur eine Transzendenz kann Gewalt legitimieren. Das bestätigt ja auch der große Säkularisierer Thomas Hobbes; sein sterblicher Gott ist der Staat. Die Gleichung Leviathan = Christus liegt auf der Hand. Das besagt für unseren Zusammenhang: Das Heilige ist die nach außen projizierte Gewalt des Menschen. Und indem sie sich ein Opfer sucht, schützt sich die Gesellschaft vor ihrer eigenen Gewalt – das ist bekanntlich das große Thema von René Girard.

Wenn ein Kind einem anderen das Spielzeug wegreißt, weiß der Erwachsene: Es geht nicht um Objekte eines Bedürfnisses, sondern um die Rivalität des Begehrens; die Gewalt wertet die Objekte auf. Deshalb ist es naiv, das gesellschaftliche Leben als Inbegriff von Subjekt-Objekt-Beziehungen zu modellieren. Vielmehr dringt in die Subjekt-Objekt-Beziehung der Dritte ein – er mag nun Parasit heißen (wie bei Michel Serres), Partisan (wie bei Carl Schmitt) oder Rivale (wie bei René Girard).

Das christliche Gebot der Nächstenliebe ist eben deshalb eine faszinierende Zumutung, weil der Nächste mein Rivale ist: „if any two men desire the same thing, which neverthelesse they cannot both enjoy, they become enemies", heißt es bei Hobbes. Der Rivale ist mein Modell; *sein* Wunsch zeigt mir das Objekt *meines* Begehrens. Ironischerweise hat der moderne Demokratisierungsprozeß die Macht der Rivalität nicht geschwächt, sondern gesteigert. Gerade der moderne Gleichheitsgrundsatz erzeugt Gewalt. Der Verlust der Unterschiede erzeugt nämlich die Rivalität, für die dann die Unterschiede verantwortlich gemacht werden.

Die Gewalt ist heute wieder ohne Grund. Die Ideologie der Schläger und Terroristen, der Skinheads und heiligen Krieger ist Maskerade. Wir nähern uns offenbar wieder dem Hobbesschen Urzustand des Kampfes aller gegen alle. Hans Magnus Enzensberger hat versucht, diesen irritierenden Sachverhalt auf den Begriff des molekularen Bürgerkriegs zu bringen. „Was dem Bürgerkrieg der Gegenwart eine neue, unheimliche Qualität verleiht, ist die Tatsache, daß er ohne jeden Einsatz geführt wird, daß es buchstäblich um nichts geht."

So ließe sich die Geschichte vom Urmenschen bis zur Spätkultur als eine der Integration und Desintegration der Gewalt erzählen. Von Hobbes' Naturzustand bis zum gehegten Krieg der Staaten verläuft die Linie der Integration; die Linie der Desintegration verläuft über den Partisanenkampf, den totalen Krieg und den Terror der revolutionären Ideen bis hin zur reinen grundlosen Gewalt als Manifestation, in der sich die aus der Weltgesellschaft Ausgeschlossenen Anerkennung erzwingen wollen. Und das ist genau die Lektion, die wir heute lernen müssen: Ein Begehren, das keine Anerkennung findet, schlägt um in die Zerstörung des anderen.

Dafür muß es soziologische Gründe geben. Die Modernisierung und Globalisierung der Welt vollzieht sich im Modus der positiven Rückkopplung: Die Weltgesellschaft formiert sich erfolgreich unter Ausschluß von immer mehr Körpern. Gewalt und Exklusion sind korreliert. Auf der einen Seite der Grenze entfaltet sich die Erfolgsgeschichte der Systeme – auf der anderen Seite explodiert „der Haß auf alles, was funktioniert". Ich zerstöre, also bin ich.

Zerstörung ist eine fundamentale Art, sich zum Herrn zu machen. Man kennt das von Jugendlichen, deren martialisches Outfit das Modebild der großen Städte prägt. Sie wollen uns Angst einjagen, weil sie es nicht schaffen, respektiert zu werden. Wie alle Ausgeschlossenen benutzen sie Gewalt, um die eigene Identität zu kommunizieren. Zunehmend auch Gewalt gegen sich selbst: Wenn ein Körper nicht mehr zwischen sich selbst und Fremdem unterscheiden kann, kommt es zu einem Krieg mit sich selbst. Man bekämpft sich mit Drogen, nimmt als Anorektikerin das Nichts zu sich, oder pierct sich doch wenigstens Löcher in den Körper.

Evolutionsbiologen sehen hier ein prinzipielles Problem, das wie alle echten Probleme nicht lösbar, sondern nur verschiebbar ist. Die selektiv angezüchtete

Aggressivität, die früher einmal überlebenswichtig war, ist heute funktionslos und findet deshalb keine Möglichkeit mehr, sich abzureagieren. Deshalb ist es für unsere Kultur überlebenswichtig, funktionale Äquivalente für das fröhliche Morden zu finden. Von William James stammt die Formel vom *moral equivalent of war*. Unsere Gesellschaft braucht *new outlets for heroic energy*.

Gelungen scheint das nur im Sport und in der Wirtschaft. Sport, soweit nicht um Millionen Euro, sondern um den bloßen Sieg gespielt wird, ist objektlose Rivalität. Er hätte deshalb die größte Aufmerksamkeit der Philosophie verdient. Sport ist nämlich viel realistischer als jeder Humanismus. Seine philosophische Lektion lautet: Man kann den anderen nicht frei anerkennen, sondern nur im Kampf. Und man kann sich die Anerkennung im Kampf gegen sich selbst ertrotzen – etwa durch einen Bungee-Jump. In der modernen Welt als Versicherung wird deshalb die Unsicherheit zum Reiz: gefährlich leben. Man braucht heute also Führer nicht aus, sondern in die Gefahr, und das heißt Verführer.

Der Krieg ist der ideale Gegenstand der Massenmedien: Es gibt ständig Neuigkeiten, und alle sind betroffen. Nicht zufällig landen die eigenen Truppen zur Hauptsendezeit. Man ist *live* dabei und doch in Sicherheit. Aber die spannende Frage nach den Wechselwirkungen von Krieg und Medienberichterstattung sollte nicht gleich wieder „kritisch“, das heißt mit heißem Herzen, in die Sackgasse des Manipulationsverdachts hineingesteuert werden. Viel zu unterschiedlich sind die Effekte der Weltnachrichten, als daß man sie aufs Schema der „Legitimation“ reduzieren könnte. Man weiß heute, daß die Fernsehbilder von den Napalmopfern aus Vietnam den Amerikanern die Möglichkeit genommen haben, den Krieg zu Ende zu führen. Aber diese Lektion wurde gelernt. Und man weiß heute, wie geschickt dieselbe Militärmaschine dann im Golfkrieg Videobilder als Beweismittel für die Möglichkeit eines scheinbar unblutigen High-Tech-Krieges präsentiert hat.

Ob die Massenmedien der westlichen Demokratien die Akzeptanz von Militäraktionen fördern oder zerstören, ist eine Frage, die eine komplexe Antwort erfordert. Etwa so: Die Medien zeigen den Bösen der Welt (Saddam, Milosevic, bin Laden) und seine Opfer – dann kann man nicht mehr tatenlos zusehen. Doch die militärische Intervention der Guten zeitigt rasch ihre eigenen Folgelasten: Irrfliegende Bomben schlagen in Kinderkrankenhäuser oder chinesische Botschaften ein; zur Prime Time bekommt man zu sehen, wie die eigenen Landsleute durch den Sand von Somalia geschleift oder in Body Bags nach Hause transportiert werden – und schon kann man den Krieg nicht mehr führen.

Man könnte von einer Feminisierung der politischen Öffentlichkeit sprechen. Arnold Gehlen erklärt das so: „Die optische Nahdistanz im privaten Milieu löst das aus, was an Tötungshemmungen für eben diese Nahdistanz im Menschen instinktiv bereitliegt. Ein Teil unseres Instinktrepertoires […] ist auf die Symbiose mit unseren Nächsten eingestellt, ist also familienbezogen, und das Fernsehen holt beliebig entfernte Szenen in diese Nahsicht und in die Sympathiegefühle familiären Ursprungs hinein. Folglich entstanden in massiver Form Abwehr und Ekel.“ Der Krieg in den Medien stößt uns also auf die Paradoxie der Ethik der Medien: Erst kann man nicht mehr tatenlos zusehen, dann kann man den Krieg nicht mehr führen – Stichwort: body bag syndrom.

Seit über einem halben Jahrhundert findet Krieg für uns nur im Fernsehen statt. Wir Bürger der westlichen Welt leben seit erstaunlich langer Zeit schon im Frieden. Lange genug jedenfalls, um den Preis zu ermessen, den wir dafür entrichten. Der Friede hat nämlich ein ähnliches Problem wie der christliche Himmel – er ist langweilig. Und Langeweile ist, neurologisch betrachtet, der Feind des Gehirns. Deshalb hat Richard Nixon einen entscheidenden Punkt getroffen, als er meinte, was den Staaten heute fehle, sei *a mission beyond peace*. Wenn es stimmt, daß Nationen nicht durch ihre Geschichte, sondern durch ihre Feinde definiert werden, dann hat das Ende des Kalten Krieges die westlichen Nationalstaaten in eine Identitätskrise gestürzt. Das Territorium ist seither keine sinnvolle Sinngrenze mehr, der besiegte Feind wird buchstäblich zur Hypothek, und immer wieder flackern die Feuerzeichen eines neuen Weltbürgerkriegs auf den Bildschirmen auf.

Deshalb, so meine ich, treffen alle berühmten Diagnosen über die Zukunft der modernen Gesellschaft gleichzeitig zu. Weltwirtschaft, Supranationalisierung und Weltkommunikation machen uns tagtäglich klar, daß es keine Grenzen für Geld und Information, aber auch keine Grenzen für Umweltzerstörung und Terror gibt. Zu Recht spricht man deshalb von Weltgesellschaft – aber viele fallen durch ihre Maschen. Zu Recht spricht man von Posthistoire – aber das heißt nicht, daß kein Blut mehr fließen würde. Zu Recht spricht man vom Clash of Civilizations – aber es ist klar, daß in Benjamin Barbers welthistorischer Antithese Dschihad vs. McWorld keine wirkliche Alternative für uns (für uns!) steckt. Feinde gibt es heute also nur noch an den Grenzen der Weltgesellschaft – aber diese Grenzen sind keine territorialen mehr.

Werfen wir nun einen Blick auf das befriedete Innere der Weltgesellschaft. Hier findet das pazifistische Maximum, nämlich das christliche Gebot, den Feind zu lieben, seine einzig mögliche, indirekte Erfüllung – im Marktfrieden. Auf dem Markt reflektieren Konkurrenten auf ihre Tauschchancen, das heißt konkret: sie orientieren „ihre Angebote an dem potentiellen Handeln unbestimmt vieler realer oder vorgestellter mitkonkurrierender anderer Tauschinteressenten". Diese Marktbeziehung der Menschen ist radikal unpersönlich, rein sachlich – und gerade deshalb die Geburtsstätte gesellschaftlicher Vernunft.

Max Weber hat sehr schön gezeigt, daß „der Markt ursprünglich eine Vergesellschaftung mit Ungenossen, also Feinden, ist". Liebe deine Feinde – das war und bleibt *à la lettre* genommen zwar ein unerfüllbarer Anspruch. Doch die List der Wirtschaftsvernunft hat eine Entparadoxierung dieser Zumutung gefunden: Tausche mit deinen Feinden! „Exchanging is the fundamental human act." Gesellschaftliche Vernunft, Friede und – immerhin: formale – Freiheit entstehen also gerade aus dem Gegensatz gegen die persönliche Verbrüderung. Der Tausch mit den Feinden emanzipiert die Menschen aus den traditionalen Strukturformen sozialer Beziehungen. Man könnte also von einer Menschwerdung des Menschen auf dem Markt sprechen. Und eben das ist Zivilisation: Der Feind wird zum Konkurrenten, und die Brüderlichkeit löst sich in „Kundschaftsverhältnisse" auf.

Die kühle Rationalität des Marktverkehrs ist also das genaue Gegenteil persönlicher Verbrüderung. Max Weber schreibt dazu: „Die Marktgemeinschaft als solche ist die unpersönlichste praktische Lebensbeziehung, in welche Menschen miteinander treten können.

[...] Eine solche absolute Versachlichung widerstrebt [...] allen urwüchsigen Strukturformen menschlicher Beziehungen.[...] Der Markt ist in vollem Gegensatz zu allen anderen Vergemeinschaftungen, die immer persönliche Verbrüderung und meist Blutsverwandtschaften voraussetzen, jeder Verbrüderung in der Wurzel fremd." Das ist Klartext. Der Markt ist ursprünglich kein Schauplatz der Brüderlichkeit, sondern eine Vergesellschaftung mit Feinden.

Und auch in Zukunft werden uns auf dem Weltmarkt keine Brüder, sondern „Andere" erwarten – allen Parolen von Fair Trade, Solidarität mit der Dritten Welt und One World zum Trotz. Es ist nun aber gerade ein entscheidender kultureller Effekt der Marktvergesellschaftung, daß uns die Anderen vertrauter und die Brüder fremder geworden sind. Der fremde Andere wird kreditwürdig – aber der eigene Bruder muß jetzt auch Zinsen zahlen. Der Weber-Schüler Benjamin Nelson hat das auf die lapidare Formel gebracht: „In modern capitalism, all are ‚brothers' in being equally ‚others'." Alle Menschen sind unsere „Brüder" im Geist des Kapitalismus geworden, sofern wir sie alle gleichermaßen als „Andere" behandeln. So umreißt der Untertitel von Nelsons Hauptwerk *The Idea of Usury* prägnant die Entwicklung der kapitalistischen Kultur: *From tribal brotherhood to universal otherhood.* Unsere Kultur hat sich aus der Stammesgemeinschaft von Brüdern zu einer Gesellschaft universaler „Andersheit" entwikkelt. Um den bekannten antirassistischen Slogan zu variieren: Wir sind alle Andere – fast überall.

Der Handel als Antonym der Gewalt – das ist seit Montesquieu die Utopie der bürgerlichen Gesellschaft *in nuce.* Der einfache Grundgedanke lautet: Nationen, die miteinander Handel treiben, machen sich voneinander abhängig, und das führt zum Frieden. Die deutlichste Formulierung dieses Gedankens, die ihn auch unmittelbar auf unsere Problemstellung bezieht, findet sich bei Albert Hirschman: „commerce acts, at one and the same time, as a preventive of war and as a moral equivalent for it!“ Das wäre es also: das funktionale Äquivalent für den Krieg, das gesuchte neue Ventil für die heroischen Energien.

Es geht hier um die Ermäßigung des Kampfs ums Dasein zu einem unblutigen Kampf um Anerkennung, ähnlich wie im Sport. Die Bedingung dafür ist aber, daß Politik in Ethik und Ökonomie zerfällt. Der politische Feind verwandelt sich in den ökonomischen Konkurrenten einerseits und in den ethischen Diskussionsgegner andererseits. Der Kampf, der die Herren von den Knechten unterscheidet, wandelt sich zur Konkurrenz um einen Dritten. Der Konsument ist dieser Dritte der Konkurrenz. Im modernen Wettbewerb nimmt der Kampf aller gegen alle die Form eines „Kampfs aller um alle“ an. Der Soziologe Georg Simmel hat deshalb die wirtschaftliche Konkurrenz mit der Liebe verglichen. Denn wie der Liebe gelingt der Konkurrenz „das Ausspähen der innersten Wünsche eines anderen, bevor sie ihm noch selbst bewußt geworden sind. Die antagonistische Spannung gegen den Konkurrenten schärft bei dem Kaufmann die Feinfühligkeit für die Neigungen des Publikums bis zu einem fast hellseherischen Instinkt“. Und das ist für unser Thema nun von außerordentlicher Bedeutung. Denn Konsum ist das genaue Gegenteil von Gewalt: die liberale, unblutige Form, sich Anerkennung durch sichtbaren Erfolg zu verschaffen. In der Zeit der Händler werden die Helden anachronistisch.

Wenn, wie Soziologen meinen, der Begriff der

Feindschaft nur in segmentären Gesellschaften Sinn macht, dann sprengt das ökonomische Denken genau diesen Tribalismus. An die Stelle der lebensorientierenden und überlebenssichernden Unterscheidung von Bruder und Fremdem, Freund und Feind tritt die neue Seinsweise der *Universal Otherhood* als kapitalistische Lebensform. Der Andere ist ein Bruder, und der Bruder ist auch nur ein Anderer. Rechenhaftigkeit und Wettbewerb können nun ungehindert in die Gemeinschaft eindringen. Das schwächt die Gefühlsbindung durch die konsequente Monetarisierung der menschlichen Beziehungen – aber es schwächt eben auch die Feindseligkeit. Universale Andersheit macht jede Freund-Feind-Unterscheidung unmöglich. Diese Welt ist – mit Max Webers Lieblingsvokabel – temperiert, und heiße Herzen empfinden sie als zu kalt. Doch heiße Herzen denken schlecht. Sie begreifen nicht, daß wir den Frieden genau so wie die Freiheit gerade der Entfremdung verdanken.

4. Das Geld

Max Webers berühmte These über den Geist des Kapitalismus besagt im Kern, daß eine asketische Form des Protestantismus eine alltagsbestimmende Lebensmethodik geschaffen habe, die das kapitalistische Wirtschaften nicht nur wie ein Korsett stütze, sondern zugleich auch mit Heilsprämien versehe. Kurz: Der Kapitalismus ist religiös bedingt. Das war natürlich als Konkurrenzthese zu jener marxistischen Grundformel gemeint, nach der das gesellschaftliche Sein die Gestalten des Bewußtseins bestimme.

Vor dieser Kontrastfolie hat dann Walter Benjamin seinen Begriff der kapitalistischen Religion entwickelt. Gegen Marx begreift er das Verhältnis von Sein und Bewußtsein nicht als Kausal-, sondern als Ausdruckszusammenhang. Gegen Max Weber sieht er den Kapitalismus nicht nur in eine religiös bestimmte Lebensmethodik eingebettet – Benjamin geht es um den Nachweis der „essentiell religiösen Struktur des Kapitalismus". Historisch bestimmt dieser Nachweis die Reformationszeit als den Augenblick der Transformation von Christentum in Kapitalismus. Das impliziert, daß die ganze abendländische Geschichte als Entwicklung eines parasitären Verhältnisses begriffen werden muß: Der Kapitalismus entsteht als Parasit des Christentums und zehrt so sehr von dessen Kräften, daß schließlich das Verhältnis in eines der Identität umschlägt. Die neuzeitliche Geschichte des Christentums ist die des Kapitalismus.

Benjamins Position will sich dabei von Säkularisierung und von politischer Theokratie gleich weit entfernt halten. Religion hat eine bestimmte und bestimmende Bedeutung für die Ordnung des profanen Lebens, aber sie darf nicht dessen Gesetze erlassen wollen. Theologie darf deshalb nicht politisch instruktiv sein wollen. Offenbar bestimmt sich die Funktion der Religion für die Ordnung des Profanen aus der Tatsache, daß es eine „menschliche und zugleich politische Nötigung zu ‚glauben'" gibt. Benjamin zieht damit eine Demarkationslinie zur Aufklärung. Das Sein ist nicht gut, und deshalb braucht die Gesellschaft ein Stellensystem der Antworten, das man traditionell Religion nennt. Und der Kapitalismus ist eben deshalb eine Religion, weil er in der Lage ist, diesen aus Leid und Qual geborenen Fragen eine befriedigende Antwort, eine Antwort der Befriedigung zu geben.

Präparieren wir nun die essentiell religiöse Struktur des Kapitalismus zunächst einmal in einer ganz immanenten Interpretation des berühmten Kapitalismusfragments deutlicher heraus. Benjamin nennt vier Charakteristika:

→ Der Kapitalismus ist eine reine Kultreligion. Das heißt im Klartext, daß die kapitalistische Religion weder eine Dogmatik noch eine Theologie hat; sie ist also, wie die Urformen heidnischer Religiosität, unmittelbar praktisch orientiert. Kapitalistische Religion ist neopagan. Sie begründet ihren Ritus ohne göttlichen Logos – und eben das hat Benjamin ja schon in seinem *Wahlverwandtschaften*-Aufsatz als das „Gemeinsame aller heidnischen Anschauung" herausgearbeitet: den „Primat des Kultus vor der Lehre". In unserem Fall ist es der Vorrang der kapitalistischen Praxis vor der christlichen Lehre, der sie parasitär aufsitzt. Kapitalismus ist also eine Form des Neuheidentums.

→ Der Kultus der kapitalistischen Religion dauert permanent an; jeder Tag ist ein Festtag des Warenfetischismus, und die Adepten zelebrieren den Kult unausgesetzt in äußerster Anspannung. Der Kult der kapitalistischen Religion ist natürlich ein Kultus der Ware. Das heißt konkret, daß der Tauschwert zum Gegenstand religiöser Verklärung und zum Medium eines religiösen Rausches wird – das ist die religionssoziologische Begründung eines Schlüsselbegriffs in Benjamins Werk: der Phantasmagorie. Gemeint ist ein Raum des Vergnügens und der Zerstreuung, der sich genau dort auftut, wo der Gebrauchswert der Waren gleichgültig wird. In diese Koordinaten trägt Benjamin sein Passagenwerk ein: Die Inthronisierung der Ware, ihre Verehrung als Fetisch nach dem Ritual der Mode, ist der einzige Inhalt des kapitalistischen Kultus. Die *theologischen Mucken* der Ware, von denen Marx sprach, also ihr ontologisch zweideutiger Status als *sinnlich-übersinnliches Ding*, erscheinen bei Benjamin als Konstituentien der Moderne. Es ist deshalb nicht metaphorisch gemeint, wenn er schreibt: „Weltausstellungen sind die Wallfahrtsstätten zum Fetisch Ware." Und die Passagen sind „Tempel des Warenkapitals". Ja, Benjamin geht so weit, an der Eisenkonstruktion der Passage Analogien mit der Barockkirche abzulesen: In der „Warenreihe" der Pariser Passage stecke „ein Rest vom Kirchenschiff". So analysiert das *Passagenwerk* die Sakralarchitektur der kapitalistischen Religion. Hier findet Baudelaires religiöser Rausch der Großstadt seinen konkreten Schauplatz: „die Warenhäuser sind die diesem Rausch geweihten Tempel." Konsequent deutet Benjamin die Banknoten als Heiligenbilder der kapitalistischen Religion. An ihnen wird konkret faßbar, was es heißt, daß die Embleme des 17. Jahrhunderts im 19. Jahrhundert als Waren wiederkehren. Banknoten stellen ja als reiner Ausdruck des Tauschwerts zugleich Allegorien dar. Die Ornamentik des Geldes, die Emblematik der Banknoten ist die Reinform der Verklärung des Tauschwerts; sie schiebt sich als Schirm der Phantasmagorie vor die Schwelle jenes Reiches, in dem man – nach gemeinsamer Auskunft von Dante und Marx – alle Hoffnung fahren lassen muß. Genau darauf zielt Benjamins Definition der Bilderwelt des Geldes als „Fassadenarchitektur der Hölle".

→ Die kapitalistische Religion operiert als verschuldender Kultus. Hier fallen der ökonomische und der theologische Begriff der Schuld zusammen. „Schuld des Geldes" ist also als genitivus objectivus und subjectivus zu begreifen: Geld schulden und Schuld durch Geld vererben. In diesen Koordinaten gewinnt Benjamins frühe Definition der Schicksals als Schuldzusammenhang des Lebendigen eine soziologische Pointe. „Die Schuld des Geldes ist eine Gestalt der ewigen Schuld, die die Personen tragen, das Fürchterliche ist, daß die Menschen des kapitalistischen Zeitalters sich nicht von ihr zu entsühnen wissen." So konstituiert der kapitalistische Kultus das Lebendige als Schuldzusammenhang.

Mit dieser These von der kapitalistischen Universalisierung der Schuld tritt Benjamin in Konkurrenz zu Webers religionssoziologischer Begründung des Universalitätsanspruchs okzidentaler Rationalität und zu Freuds religionspsychologischer Begründung des abendländischen Schuldbewußtseins in der Spätantike und der Gegenwart. „Ein ungeheures Schuldbewußtsein das sich nicht zu entsühnen weiß, greift zum Kultus, um in ihm diese Schuld nicht zu sühnen, sondern universal zu machen, dem Bewußtsein sie einzuhämmern und endlich und vor allem den Gott selbst in diese Schuld einzubegreifen." So wie der kapitalistische Kultus nicht entsühnt, sondern verschuldet, so hofft der Kapitalismus als Religion nicht auf die Befreiung aus der Verzweiflung, sondern erwartet das Heil aus der Verstetigung der Verzweiflung zum Weltzustand. An die Stelle des Hoffens und Harrens tritt das Durchhalten. Die Schuld erbt sich fort als „Geisteskrankheit", nämlich im Modus der geistigen Ausweglosigkeit. Das ist für Benjamin der eigentliche Inhalt der sogenannten „Sorgen".

→ Der verheimlichte Gott der kapitalistischen Religion ist nicht tot, aber auch nicht mehr transzendent. Der universal verschuldende Kultus integriert ihn dem Menschenschicksal. Diese eigentümliche Konzeption Benjamins entspringt dem Versuch, Nietzsches Attentat auf die Religion, die Gestalt des Übermenschen, selbst noch theologisch zu deuten. So erscheint der Übermensch als erste erkennende Erfüllung der kapitalistischen Religion – Erfüllung auch insofern, als in ihm als Ausdruck totaler Immanenz des Menschlichen der Gott bis zur Unerfragbarkeit verheimlicht ist. In dieser Perspektive muß dann natürlich auch die Lehre von Marx als erkennende Erfüllung der kapitalistischen Religion, als Vollendung des Schuldzusammenhangs erscheinen: „Der nicht umkehrende Kapitalismus wird [...] Sozialismus."

Diese ökonomische Theologie der Moderne hat den Vorzug der Deutlichkeit. Ihr Fazit lautet: Geld ist das, was die falsche Welt im Innersten zusammenhält. Zu diesem Ergebnis kommt man natürlich nicht durch die Beobachtung sozialer Systeme in ihrem empirischen

Operieren, sondern durch die Lektüre von Klassikern. Kritische Christen und Kapitalismuskritiker reichen sich die Hände – und verzichten dabei nicht nur auf ein Verständnis der modernen Wirtschaft, sondern auch auf jede Einsicht in die Funktion der Religion.

Je moderner, das heißt differenzierter, arbeitsteiliger und damit unübersichtlicher die Gesellschaft wird, desto größer die Sehnsucht nach Einheit und Ganzheit. Gott ist die traditionelle Formel für die Einheit der Welt. Es geht beim Thema Gott also letztlich um die Möglichkeit, sich ein Bild von dem Ganzen zu machen, dem man selbst zugehört. Man kann es sich leicht machen mit Mystik und Esoterik, also mit der Beschwörung des Ganzen. Und man kann es sich schwer machen, nämlich mit einer Kritik des Ganzen. Radikale Gesellschaftskritik als Inkognito der Theologie – das ist ein vertrautes Theoriedesign.

Die Religion bietet den Opfern der Gesellschaft ein Design der Betroffenheit. Sie widmet sich also den unlösbaren Folgeproblemen anderer Systeme („Schicksale“). Anspruch der Religion ist es immer, einen Sinn sichtbar zu machen. Religiöse Kommunikation besagt aber immer auch: der Sinn ist eigentlich ein anderer, er paßt nicht in die Gesellschaft. Und die Dogmatik hat ganz entsprechend auch einen eigenen Gesellschaftsbegriff, der gegen die reale Gesellschaft gerichtet ist: das Reich Gottes. Das letzte Wort des Glaubens ist also Andersheit – anders als das, was ist. Genauer geht es hier nicht; und gerade diese Ungenauigkeit erweist sich als funktional. Religiöse Kommunikation verspricht: Man kann mit dem Unverständlichen umgehen – als ob man die unübersichtliche Welt von außen betrachten könnte. Im Begriff Gott bezieht sich die Gesellschaft auf sich selbst – aber ohne es zu wissen, nämlich als Transzendenz. So entsteht die Illusion, es könnte eine richtige Beschreibung der Gesellschaft von außen geben – *the big picture*.

Solange die Funktionsstelle der Religion religiös besetzt bleibt, ist Religion nicht totalitär. Benjamins Begriff der „kapitalistischen Religion“ dagegen suggeriert – ähnlich übrigens wie „politische Religion“ (Eric Voegelin) bzw. „politische Theologie“ (Carl Schmitt) – eine Darstellung des Gesellschaftsganzen. Mit Religion wird das Absolute zitiert, mit Kapitalismus die Totalität. Damit steht das Benjaminsche Kapitalismusfragment in extremster Gegenstellung zur Systemtheorie der Moderne. „Die Einheit der Gesellschaft ist die Differenz ihrer Funktionssysteme“, heißt es bei Luhmann.

Schon die Marxsche Konzeption des Klassengegensatzes hatte ja die funktionale Differenzierung der modernen Gesellschaft verdeckt. Der strategische Sinn dieser Verdeckung wird klar, wenn man sich vor Augen führt, daß „Kapitalismus“ ein Begriff ist, der immer schon im Blick auf ein notwendiges Ende gedacht wird. Er katalysiert deshalb sehr gut den Protest der bürgerlichen Gesellschaft gegen sich selbst. Kapitalismus ist die Perspektive auf das moderne Wirtschaftssystem, die seine Folgeprobleme als beendbares Übel präsentiert.

Doch Benjamin denkt das Ende des Kapitalismus ganz anders als Marx. Was ihn von Marx und der Dialektik trennt ist „die Erfahrung unserer Generation: daß der Kapitalismus keines natürlichen Todes sterben wird“. Deshalb steht die Vorstellung der Unterbrechung des natürlichen Verlaufs im Zentrum der Benjaminschen Geschichtstheologie; „nicht Ziel, sondern Ende“ lautet bekanntlich die Unterscheidung aus den *Geschichtsphilosophischen Thesen*. Und deshalb genügt nicht die Stilisierung der Moderne als Kapitalismus. Benjamin muß sie durch eine zweite Stilisierung überbieten, nämlich als Kultreligion.

Läßt man die wichtigsten Stichworte der „kapitalistischen Religion", nämlich äußerste Anspannung, permanente Dauer, Steigerung, Aushalten bis ans Ende, die Bahn des Planeten Mensch, Ausweglosigkeit, noch einmal Revue passieren, dann erinnert diese Beschreibung doch sehr stark an Max Webers „Unentrinnbarkeit": Kapitalismus als Schicksalsmacht. Ihren polemischen Index bekommt diese Beschreibung nun gerade durch ihre Hoffnungslosigkeit. Das ist der entscheidende rhetorische Trick Benjamins. Denn Hoffnungslosigkeit ist mit Perfektion funktional äquivalent – es macht keinen Sinn, sich um Verbesserungen zu bemühen. Dieser rhetorische Trick ermöglicht es nun, darüber zu erschrecken, daß es geht, solange es geht. Der Schrecken ist nichts, was uns noch drohen würde – daß es so weitergeht, *ist* die Katastrophe. Weil es geht, solange es geht, sieht man die Katastrophe, daß es so weitergeht, nicht. Deshalb ist der Gedanke der „Umkehr" der fernste. Aber genau das meint Benjamins Unterbrechung der Geschichte: Metanoia, Sühne, Reinigung – oder im *hot dressing:* Revolution.

Die Differenz zu Marx liegt hier auf der Hand; aber auch die zu Weber. Man kann sich das am einfachsten in einem Vergleich ihrer Schlüsselmetaphern verdeutlichen. Max Webers Metapher ist die vom puritanischen Geist, der am Ende in dem geistlosen Gehäuse abstirbt, das er selbst mit den Rationalitätsenergien innerweltlicher Weltablehnung errichtet hat. Walter Benjamins Metapher ist die vom parasitären Verhältnis zwischen Kapitalismus und Christentum; der Parasit Kapitalismus einverleibt sich den Wirt Christentum – deshalb hat der Kapitalismus eine „essentiell religiöse Struktur".

Kein Zweifel: Der Zauber beider Metaphern ist groß. Beide machen gerade den Theologen unwiderstehliche Angebote, fundamentalistisch an die moderne Gesellschaft heranzugehen. Die häßlichen Zwerge verkleiden sich als Kapitalismuskritiker. Man kann die Frage nach dem Verhältnis von monotheistischer Religion, modernem Lebensstil und kapitalistischer Wirtschaft aber auch ganz anders stellen – nämlich wie Kenneth Burke. Im Zentrum seiner *Grammar of Motives* steht die historische Ironie, daß gerade die Bekräftigung des ultimativen Motivs die Entwicklung einer gänzlich anders orientierten Welt ermöglicht. „For the affirming of the term as their god-term enables man to go far afield without sensing a loss of orientation. And by the time the extent of their departure is enough to become generally obvious, the stability of the new order they have built in the name of the old order gives them the strength to abandon their old god-term and adopt another."

In unserem Zusammenhang geht es natürlich um Geld als funktionales Äquivalent, als „technical substitute" für Gott. Es handelt sich hier um eine Substitution einer Substitution, denn der christliche gekreuzigte Gott, der modern durch Geld ersetzt wird, ist ja selbst schon das Symbol für Substitution. Das Profitmotiv funktioniert wie der Eine Gott als universale Quelle der Motivation. Burke spricht ausdrücklich von einer Transsubstantiation des Geldes: aus dem Agenten des ökonomischen Handelns wird dessen Zweck; aus „money as medium" wird „money as motive". Bedrohlich für die Religion ist der universale Symbolismus des Geldes nicht als dramatische diabolische Versuchung des Mammon, des goldenen Kalbs (denn der Teufel ist der dialektische Gegenspieler Gottes; er fördert also den Glauben), sondern gerade umgekehrt „in its quiet, rational way as a substitute".

Der Schlüsselbegriff des Benjaminschen Kapitalismusfragments lautet Schuld–Verschuldung. Sich schuldig fühlen und Schulden machen werden hier radikal identifiziert. Und damit verbaut sich Walter Benjamin den Zugang zum eigentlichen Problem; er verkennt die spezifisch moderne Verwandlung des Schuldsymbolismus. Den Ausgangspunkt hat Niklas Luhmann deutlich markiert: „Schuld wurde um der Erlösung willen erfunden und institutionalisiert. [...] Schuld wird *erlebt* als Präsenz anderer Möglichkeiten der *Vergangenheit* – nämlich als Fortdauer der Möglichkeit, anders gehandelt haben zu können." Die Erbsünde erfaßt dann Zukunft als Wiederholung von Schuld, schließt also zukunftsbezogene Erlösungshoffnungen aus. So weit, so vormodern. Modern jedoch verweist Schuld als Investitionskredit auf Zukunft. Schuld heißt nun ökonomische Schulden. „Die *Funktion* von Schuld [...] ist heute [...] nur noch in bezug auf andere Möglichkeiten der *Zukunft* denkbar; die Vergangenheit liegt erledigt hinter uns."

Seit Benjamin Nelsons großartigem Essay *The Idea of Usury* kann man Modernität als raffinierte Antwort auf die biblische Frage verstehen, ob ich von meinem Bruder Zins nehmen darf. Calvin bricht mit der scholastischen Auffassung, Geld sei steril. Es vermittelt nun nicht nur die Kommunikation mit den Fremden, sondern auch mit den brüderlichen Anderen. Alle Menschen werden Brüder, weil auch die Brüder, von denen ich Zins nehme, Andere geworden sind. Damit wandelt sich Brüderlichkeit – von Calvin bis zur Französischen Revolution – zum Universale, und ihr Klartext lautet: Wettbewerb auf dem Markt. Das ist der präzise Sinn des Untertitels von Nelsons Essay: From Tribal Brotherhood to Universal Otherhood.

Was das für den Symbolismus der Schuld in der modernen Gesellschaft bedeutet, hat schon Kenneth Burke sehr klar gesehen: „As early as the Calvinistic sanctioning of ‚usury', it was apparent that a primary aspect of our monetary economy was its stress upon credit – and the receiving of credit is indeptedness. Thus [...] it provides a technical normalization of ‚guilt' or ‚sin' by converting a religious psychology of ‚retribution' or ‚penance' into a commercialist psychology of ‚ambition'." Die technische Normalisierung der Schuld entspricht natürlich exakt der technischen Substitution Gottes durch Geld.

Wir können resümieren: Geld als *God Term* ist keine Figur der Religion mehr. Hier wird auch nicht „säkularisiert". Daß das Geld Gott ersetzt, darf gerade nicht als Säkularisierungsthese verstanden werden (bzw. eine derartige Säkularisierungsthese müßte auf Blumenbergsche Art abgelehnt werden). Kapitalismus als Religion war die letzte Erfindung der Theologen, die ihren Anspruch auf eine kritische Beschreibung des gesellschaftlichen Ganzen rechtfertigen sollte.

Nachdem sich die Kapitalismuskritik in die soziologischen Bibliotheken zurückgezogen hat, können wir besser erkennen, daß genau das, was die guten Seelen und heißen Herzen der modernen Geldwirtschaft vorwerfen, ihre eigentliche Kulturleistung ist. Geld entlastet die Gesellschaft von Menschlichkeiten wie Haß und Gewalt. Man kann leicht zeigen, daß sich Zivilität und Urbanität unserer Kultur der Geldwirtschaft verdanken. Wo Geld die Welt regiert, bleibt uns der Terror von nackter Faust und guter Gesinnung erspart. So könnte ein Wirtschaftsliberaler mit guten Gründen argumentieren, daß das weltweite Netzwerk der vielbescholtenen multinationalen Konzerne mehr für den Weltfrieden tut als die Vereinten Nationen. Bekanntlich hat die US-Regierung auf Kosten der Steuerzahler ein Netzwerk von Abfüllstationen rund um die Welt installieren lassen, damit sich die GIs im Zweiten Weltkrieg stets mit Coca Cola erfrischen konnten. Danach war es für Coke natürlich leicht, die Weltherrschaft auf dem Soda-Markt anzutreten. Und das Coke-Netzwerk tut mehr für die Verwestlichung der Welt als es die Präsenz amerikanischer Truppen je könnte.

Wo Geld die Welt regiert, herrschen eben nicht: fanatische Ideologie und blutige Gewalt. Die monetarisierte Habsucht zähmt die anderen Leidenschaften. Auf die Liebe zum Geld ist Verlaß – hier entfaltet sich ein ruhiges Begehren nach Reichtum. Das autonome Kreisen des Geldes entlastet uns in verschiedenster Weise. Es funktioniert wie ein Medium. Man könnte auch sagen: Geld ist eine Macht ohne Eigenschaften. Und nur weil unsere Wirtschaft von einer eigenschaftslosen Macht geprägt wird, kann sie sich als offenes System entwickeln.

Geld definiert die ökonomischen Rahmenbedingungen unseres Lebens vor allem durch Ausschließungen, und diese Ausschließungen wirken entlastend. Geld heißt eben: nicht Gewalt. Wir prügeln uns nicht um die letzten freien Plätze an der Sonne, sondern manche zahlen, andere können oder wollen eben nicht zahlen. Und dieser Code Zahlen–Nichtzahlen heißt eben auch: nicht Moral. Nicht der bekommt ein Häuschen im Grünen, der es (womöglich nach lebenslangem Malochen) „verdient“ hat, sondern der, der zahlen kann.

Und jeder wird zugeben müssen: das ist gut so. Gerade die Unpersönlichkeit und Neutralität des Geldes entlastet unser Leben.

Der Umgang mit Geld ist die beste Schule für den Umgang mit knappen Ressourcen. Daß es so etwas wie eine Gesellschaft überhaupt geben kann, setzt voraus, daß sich die Menschen über den Zugriff auf das, was knapp ist, verständigen. Zugleich stabilisiert sich das Gesellschaftssystem immer wieder über die Erwartung von Knappheiten. Wir können immer davon ausgehen, daß das, was zählt, nicht im Überfluß vorhanden ist. Nun lehrt uns Bürger der westlichen Welt schon der Augenschein, daß das, was knapp ist, doch zugleich im Überfluß vorhanden ist: etwa Bentleys in Wolfsburg – nur nicht für mich. Wohnungen sind extrem knapp, und doch werden Tausende in den Immobilienanzeigen angeboten. Umgekehrt erzeugt die Produktion von Überfluß Knappheit – knapp nämlich wird dann die Nachfrage. Seit Jahrzehnten bezahlt man EG-Bauern dafür, Felder brachliegen zu lassen.

Der Grundgedanke ist also sehr einfach: Auch das, was im Überfluß vorhanden scheint, wird knapp, wenn ein anderer darauf zugreift. Durch den Zugriff des anderen, der zahlt, wird mir erst erkennbar, daß es sich hier um eine Ressource handelt. Und Ressourcen sind immer knapp; heute bemerken wir das sogar bei Luft und Wasser. Nun kommt es bei derartigen Zugriffen nicht mehr zu Mord und Totschlag. Warum? Offenbar darf der andere zugreifen, weil er zahlt. Der prüde Hauseigentümer akzeptiert den Pornoshop in seiner Ladenzeile, der rassistische Oberbürgermeister den Araber im Westend – weil er zahlt. Indem ich zahle, verwandele ich alle anderen in Zuschauer des Geldzaubers. Anders gesagt: Alle anderen Menschen versinken im Akt dieser meiner Zahlung in eine wohltuende Neutralität. Denn für Verkäufer, Käufer und Zuschauer der wirtschaftlichen Transaktionen gilt, daß sie den jeweils anderen nicht mehr als „Individuum“ behandeln müssen. Das erleichtert das soziale Leben.

Personen zu vertrauen ist zu riskant. In der modernen Welt kann man sich glücklicherweise Personvertrauen durch Systemvertrauen ersparen. Doch das System ist undurchschaubar und unkontrollierbar. Deshalb ist das Angebot der modernen Wirtschaft unwiderstehlich, Systemvertrauen durch Geldvertrauen zu ersetzen. Geldvertrauen erspart mir das Vertrauen in andere Personen und die Information, die zum Verständnis des Systems nötig wäre. Wo mir die notwendigen Informationen fehlen, um eine komplexe Situation zu analysieren, genügt ein Blick auf die Preise und Geldflüsse.

Um diese faszinierende Leistungskraft des Geldes zu verstehen, muß man sehen, daß es als Medium funktioniert. Geld läßt sich beliebig stückeln, die Zahlungen sind miteinander extrem locker verknüpft. Man kann im Medium Geld nicht steuern und nicht prognostizieren, sondern nur kurzfristig reagieren. Geldverkehr hat keine Integrationseffekte und sorgt immer für absoluten Informationsverlust. Man sieht es den Scheinen in der Brieftasche nicht an, wer sie als letzter wann wozu benutzt hat. Bedingungen der Möglichkeit und Folgelasten von Zahlungen spielen keine Rolle. *Pecunia non olet.* Geld hat kein Gedächtnis und ist deshalb maximal anpassungsfähig.

Geld bringt uns eines der seltenen Lebensstücke realer Gleichheit: die Gleichheit der ausreichenden Kaufkraft. Es ist egal, ob der andere mehr Geld hat als ich; es genügt, daß ich genug Geld habe, um den Flug zu buchen, die Hi-Fi-Anlage zu kaufen oder die überteuerte Wohnung zu mieten. Wenn die Maschine ausgebucht ist, hilft es dem anderen nichts, daß er mehr Geld hat; auch der Wohlhabende sucht monatelang nach der neuen Wohnung. Und das Altbier an der Rheinpromenade kostet für den Staatssekretär genausoviel wie für den Arbeitslosen. Talcott Parsons hat dafür die schöne ironische Formel gefunden, alle Dollars seien frei und gleich geschaffen. Denn Geld ist auch reale Freiheit. Es funktioniert nämlich unabhängig von seiner Herkunft, und es ermöglicht jedem, der es besitzt, sich von seiner Herkunft zu befreien.

Warum ist man immer knapp bei Kasse? Antwort: Weil Knappheit weder eine Natureigenschaft noch eine Mangelerscheinung ist. Knappheit entsteht als Artefakt der Gesellschaft, sobald zukünftige Bedürfnisse als heutiges Problem behandelt werden. Ich muß heute schon sicherstellen, daß ich die Bedürfnisse von morgen befriedigen kann – das wird durch die Knappheit des Geldes ausgedrückt. Im Medium Geld wird diese chronische Knappheit beobachtet. Das Knappheitsproblem mit Geld zu codieren heißt vor allem: es nicht moralisch zu bewerten. Geld ist also das Mittel, mit dem die Gesellschaft unseren Umgang mit dem, was knapp ist, steuert. Deshalb ist man immer knapp bei Kasse. Da hilft auch Sparen nichts. Denn mein Geld nicht auszugeben macht ja nur Sinn, wenn ich im Blick auf spätere Zahlungen spare. Und ich darf auch nie so viel Geld ausgegeben, daß meine Zahlungsfähigkeit zu einem späteren Zeitpunkt in Frage gestellt wäre. So stellt sich unser modernes Leben als ein Spiel der Knappheit dar. Und wenn man die Welt so sieht, wird dann immer mehr knapp. Globalisierung heißt also: Universalisierung der Knappheit.

Ein unbefangener Beobachter könnte bei der Betrachtung unseres Wirtschaftslebens feststellen: Es gibt da eine Institution, die Geld im Überfluß hat – die Bank. Wenn wir nun aber genauer hinsehen, wie die Banken etwa mit dem Zinsniveau operieren, dann kann man feststellen: Banken halten Geld knapp. Deshalb können wir alle – vom Schuljungen bis zum Finanzminister – mit der überzeugenden Gebärde auftreten, leere Taschen vorzuzeigen. Aber Banken offerieren Kredite, Geld im Überfluß. Banken sind schöpferisch: sie kreieren Kredit. Wer spart, also auf der Bank einzahlt, wird natürlich weiterhin als Eigentümer des eingezahlten Betrags behandelt. Zugleich aber tut die Bank auch so, als ob der Betrag ihr selbst gehöre – sie leiht ihn an andere aus. Damit funktioniert der Betrag aber doppelt: als Einlage und als Kredit. Das ist Geldschöpfung. Soll ich den Kredit aufnehmen, die erste Rate zahlen – oder sparen, weil der Zinssatz gerade hoch ist, also Nichtzahlen? Die Entscheidung ist zufällig, und kein Kalkül der Welt kann sie davor bewahren, sich morgen als falsch zu erweisen.

Die Codierung durch Geld entgrenzt das Besitzstreben. Seit wir in einer modernen Geldwirtschaft leben, werden, ganz unabhängig von der faktischen Fülle, alle Güter knapp. Das führt zu Paradoxien, auf die man meist nur mit ohnmächtiger Empörung reagiert: Mit dem Reichtum wächst die Armut, mit der Knappheit wächst der Überfluß. Und ständig müssen fast alle zusehen, wie einige zugreifen. Es müßte eigentlich erstaunen, daß das so reibungslos funktioniert. Wie bewirkt man es, daß alle andern ruhig bleiben, wenn jemand auf knappe Güter zugreift? Das Geld, das der, der auf knappe Güter zugreift, zahlen muß, beruhigt den, dem nur das reine Zusehen bleibt, weil jenem nun das Geld knapp wird. Genau hier entstehen nun Freiheit und Entfremdung gleichzeitig. Denn mein Zugriff auf knappe Güter, der keine andere Legitimation als die Zahlung braucht, schließt alle anderen Interessenten aus. Sie müssen nicht als Individuen respektiert werden.

Wenn man die Wirtschaft, wie gerade geschehen, im Blick auf Knappheit beobachtet, bekommt man also etwas ganz anderes zu sehen, als wenn man sich am Tauschgeschehen orientiert. Formelhaft gesagt: Der Tausch ist symbolisch – Knappheit ist diabolisch. Wer versucht, die Wirtschaft vom Tausch her zu begreifen, fixiert sich auf die Interaktionen. Der eine liefert die Ware, der andere gibt das Geld. Der Tausch verbindet, und andere können in ungestörtem Operieren daran anschließen. Ein viel teuflischeres Bild von der Wirtschaft ergibt sich, wenn man das Trennende beobachtet. Wer nicht zahlt, muß ja beobachten, wie ein anderer zugreift. Tauschtheoretiker vergessen diesen ausgeschlossenen Dritten der Transaktion, also den Zuschauer. Und Zuschauer, Ausgeschlossene der Wirtschaftstransaktionen sind wir eben fast immer.

Wer aber ganz durch die Maschen des Wirtschaftssystems gefallen, also zahlungsunfähig ist, muß auf Hilfe hoffen – oder müssen wir sagen: kann auf Hilfe *rechnen*? Caritas unterstellt, daß Nächstenliebe Geldform annehmen kann. Aber Almosen und Nächstenliebe sind unökonomisch und irrational – denn Geld ist knapp. Tony Blair hat sich bei seinem Regierungsantritt damit gebrüstet, niemals einem Bettler Geld gegeben zu haben. Das ist sehr modern. Denn dem Ende der Mildtätigkeit entspricht der Anspruch auf organisierte, quantifizierte Hilfe. Man hilft modern, indem man dem Bedürftigen die Stelle nennt, die für derartige

Bedürftigkeiten zuständig ist. Ich muß im konkreten Fall dann nichts geben, denn, erstens, haben andere mehr Geld; und, zweitens, sind andere noch bedürftiger.

Die jährliche Spende, die ich steuerlich geltend machen kann, schließt es natürlich nicht aus, daß ich dem armen Nachbarn beim Umzug helfe oder dem frierenden Mädchen aus Afghanistan einen Becher Punsch bringe. Aber es ist doch klar, daß Danken, Helfen und Freundlichsein privatisiert sind. Kapital ist das funktionale Äquivalent von Dankbarkeit und Hilfe. In der Öffentlichkeit genügt Geld als Inbegriff aller menschlichen Motive. Und oft wird anderes auch gar nicht mehr honoriert; so kann man schiefe Blicke ernten, wenn man dem, der einem um „'nen Euro" angegangen ist, ein belegtes Brötchen anbietet.

Zwischenmenschlichkeit kann auf dem freien Markt schlecht Fuß fassen. Gerade deshalb aber funktioniert das Geld so reibungslos. Geld ist entlastet vom Menschlich-Allzumenschlichen. Um sich in der Wirtschaft zu orientieren, genügt es ja, die Preise zu kennen. Der Preis ist eine harte Information, in der Geschichte, Bedürfnisse und Individualitäten verschwinden. Das ökonomische System operiert also ohne Gedächtnis. Das gilt natürlich auch für jede einzelne Zahlung: Geld erinnert sich nicht. Deshalb ist so etwas wie „Geldwäsche" möglich, obwohl wir ständig einer detektivischen Beobachtung durch das Finanzamt oder den Bundesrechnungshof ausgesetzt sind.

Der Kosmos der modernen Wirtschaft besteht also nur aus Ereignissen der Zahlung – nicht mehr aus Menschen. Gewissermaßen als Ausgleich dafür, daß sie in den Wirtschaftsprozessen nicht mehr „vorkommen", haben die Menschen der Moderne dann einen neuen Kosmos der Innerlichkeit erfunden. Es ist also ganz falsch, dem modernen Kapitalismus Seelenlosigkeit vorzuwerfen. Im Gegenteil: Individuelle Seelengeschichten gibt es erst, seit die Strukturen unseres gesellschaftlichen Lebens vom autonomen Geldverkehr geprägt werden.

„Das Bezugsproblem der Wirtschaft", heißt es bei Niklas Luhmann, ist „die Reizbarkeit der Gegenwart durch die Zukunft". Prinzipiell gilt ja: Aufmerksamkeit wird erregt durch Bewegung, Neuheit und Schmerz. Das sind immer unmittelbare Erfahrungen im Hier und Jetzt. Wie kann man aber Aufmerksamkeit für Zukünftiges wecken? Genau das leistet Geld. Der Verlust von Geld ist ein „Schmerzsurrogat". Im Wirtschaftsleben lernen die Menschen, Bedürfnisbefriedigungen zu vertagen, aufzuschieben – und in der Zukunft sicherzustellen. So leistet das System der Geldwirtschaft für das Leben die „Eröffnung, Erschließung und Pazifizierung einer Zukunft". Durch Verzicht auf die Befriedigung konkreter Bedürfnisse heute sichere ich abstrakt die Befriedigung zukünftiger Bedürfnisse – ich habe Geld. Dabei muß man sich deutlich machen, daß man immer verzichtet: Entweder man verzichtet auf Befriedigung und hat dann Geld, das heißt die Freiheit der Auswahl. Oder man befriedigt konkrete Bedürfnisse und verzichtet damit auf die Freiheit der Auswahl, die sich eben im Geld verkörpert.

Der Engpaß der Geldwirtschaft liegt im konkreten Konsum, der ja rasch an anthropologische Schranken stößt. Man kann nicht endlos Sushi essen; man kann nicht ständig nach Mallorca pendeln. Thorstein Veblens immer noch aktueller Begriff der *conspicuous consumption* hat erstmals deutlich gemacht, wie die moderne Wirtschaft dieses Problem löst. Sie „schafft sich die für eine umfassende Zukunftsbeherrschung benötigte Schätzung von Geld heute durch illusionäre Aufwertungen des Konsumgeschehens".

Geld hat den einzigen Sinn, ausgegeben zu werden, weil es keinen eigenen Wert hat. Deshalb stößt es in den Kunden eine Dauerreflexion auf Konsummöglichkeiten an. Der Konsum ist also der Realitätstest auf den Zukunftshorizont der Geldwirtschaft. Weil ihm aber, wie gesagt, sehr enge anthropologische Schranken gesetzt sind, geht es beim Konsumgeschehen in der Wirtschaft des 21. Jahrhunderts zunehmend um virtuelle Erfüllungen. Ich könnte über Weihnachten nach San Francisco fliegen; einfach so. Ich kann das Geld aber auch in ein Mountain-Bike investieren, mit dem ich dann tolle Touren unternehmen könnte. Je moderner ein Produkt, desto unausgeschöpfter sein Potential, desto virtueller die Befriedigung, die es gewährt. Man denke nur an den Computer – was man mit dem Grafik-Programm alles machen könnte! Das Funktionieren des Marktes hängt also an Fiktionen – am Als ob.

Das Geld ist gerade deshalb auch das faszinierendste aller Medien, weil es nicht durch reale Konsumchancen gedeckt ist, sondern – durch sich selbst! Anders gesagt: Die Wirtschaft schuldet sich das Geld, das sie zirkulieren läßt, selbst. Das Geld ist viel mehr Wahlmöglichkeit als Konsumwirklichkeit. Die Wirtschaft hat deshalb viel mehr Zukunft als je Gegenwart werden kann. Weder Profit noch Bedürfnisbefriedigung setzen dem Geld*ausgeben* eine Grenze. Man kann aber auch die Entscheidung des Konsums verschieben und im Geld*haben* abstrakt die Möglichkeiten genießen.

Genau wie Macht gibt Geld schon in der Gegenwart die Sicherheit, daß künftige, unvorhersehbare Probleme gelöst werden können. Macht und Geld sind Gewißheitsäquivalente und ersparen uns Information, bzw. Voraussicht. Nicht mehr Gott, sondern Geld garantiert Weltsicherheit. Es geht dabei wohlgemerkt nicht um ein sorgenfreies Leben, sondern um die Verwandlung der Zukunftsungewißheit in das Risiko der Geldverwendung. Man kann leicht zeigen, daß Geld das Medium ist, in dem wir am sichersten in eine offene Zukunft steuern können. Geld hat also die Funktion der Zukunftsvorsorge. Umgang mit Geld ist immer *trading in futures*. Und nur im Umgang mit Geld kann man die Zukunft in die eigenen Hände nehmen.

Diese abstrakte Zukunftssicherheit der modernen Geldwirtschaft wird an der Funktion der Preise besonders deutlich. Nach Friedrich von Hayek haben Preise die Funktion, Anzeichen von Veränderungen zu signalisieren, die der einzelne zwar nicht kennen kann, an die er aber seine Pläne anpassen muß. „Es ist nicht nur ein Gleichnis, wenn man das Preissystem als eine Art von Maschinerie zur Registrierung von Veränderungen bezeichnet, oder als ein System von Fernvermittlung, das die einzelnen Produzenten instand setzt, nur mit Hilfe der Beobachtung von ein paar Zeigern, so wie etwa ein Techniker die Zeiger von ein paar Zifferblättern beobachtet, ihre Tätigkeit an Änderungen anzupassen, von denen sie nie mehr zu wissen brauchen, als sich in der Preisbewegung widerspiegelt."

Die Indifferenz des Geldes macht Differenzen sichtbar – als Preisunterschiede. So ermöglicht Geld eine spezifisch wirtschaftliche Lernfähigkeit durch die einfache Anweisung: Beobachte die Preise! Die Beobachtung der Preise ermöglicht einen Blindflug durchs Chaos der Wirtschaft. Oder anders formuliert: Die Preisbildung auf dem freien Markt ist das große kybernetische Paradigma, das besonders eindrucksvoll zeigt, wie sich spontan eine Ordnung bildet, indem sich individuelle Pläne durch negative Rückkopplung aneinander anpassen.

Die Finanzwelt hat eine Aura kühler Rationalität. Das hat sachliche Gründe. Denn Geldgeschäfte sind in hohem Maße steril, anonym und abstrakt. Prinzipiell produzieren Zahlungen und Preise enorme Informations- und Kontextverluste – es ist ja egal, wer warum zahlt. Das galt schon immer. Heute kommt aber etwas Entscheidendes hinzu: Nichts ist abstrakter als elektronische Finanztransaktionen. Seit es die elektronische Datenverarbeitung gibt, werden sich Geld und Information immer ähnlicher. Das bedeutet aber, daß die Finanzmärkte der wichtigste Schauplatz für die Kommunikationstechnologien des 21. Jahrhunderts sind: Geldfluß und Datenfluß werden ununterscheidbar.

Die grundsätzliche Abstraktheit von Geldgeschäften wird durch die neuen Technologien der Telekommunikation noch erheblich gesteigert. Man spricht heute in diesem Zusammenhang von *Softnomics* und meint damit die neue Computerwirklichkeit des Weltgeldes. Das gilt schon für die neuen Standards wie Electronic Cash, Electronic Banking, Home Banking und die Kundenselbstbedienung im *Hypertext*. Und wir beobachten heute eine Emanzipation des Banking von den Banken. Elektronisches Geld hat keinen eigenen Wert, ja kaum mehr ein Spur physischer Existenz. So konfrontiert uns das Internet am radikalsten mit der Frage, was dem Geld den Wert verleiht, den wir ihm zuschreiben.

Mit unseren Kreditkarten schalten wir uns ins Nervensystem der Weltwirtschaft ein. Und diese Plastik-Karten werden immer smarter, das heißt, sie verschränken den Geldfluß mit dem Informationsfluß. Mit Recht hat Alvin Toffler deshalb das Geld der postmodernen Welt als supersymbolisch bezeichnet. Auf der Ebene von Zentral- und Weltbanken ist dann schließlich auch dieses supersymbolische Geld noch zu konkret. Man spricht dann von Verrechnungseinheiten und Sonderziehungsrechten. Bekanntlich handelt es sich dabei um eine Errechnung der Beziehungen sogenannter Leitwährungen – und diese Errechnung ändert sich ständig. Das Geld ist hier von jedem Erdenrest entlastet, das heißt, es löst sich in Errechnungen von Errechnungen auf. Um es auf eine Evolutionsformel zu bringen: Modern wurde die Wirtschaft durch die Ablösung des *commodity money* durch *contract money*; heute konstituiert sie sich postmodern im Medium des *fiat money*.

Man könnte deshalb sagen: Auf der obersten Wirtschaftsebene gibt es Geld nur noch im Aggregatzustand von weltumspannenden Datenflüssen – also in den Computern der Finanzmetropolen. Täglich werden annähernd 1000 Milliarden Dollar umgeschlagen. 90% der Finanztransaktionen an den Weltbörsen haben aber mit dem wirklichen Warenfluß nichts mehr zu tun. Die Weltbörsen bilden also schon heute einen Cyberspace des Kapitals, in dem virtuose Datenspieler ihre Einsätze machen. In diesem Handel mit der Zukunft hat die Welt der Wirtschaft eine Komplexität erreicht, die mit der traditionellen Vorstellung Schumpeters, das Geld sei nur der „Satellit der Ware“, einfach nicht mehr zu fassen ist. Das macht schon das Verhältnis von Investition zu Spekulation deutlich – 1:10.

Geld managt das Chaos der Welt, in der alles seinen Preis hat. Das läßt sich auf die Formel bringen: Geld macht chaosfest. Man kann die unbekannten Gefahren der Zukunft als Risiken des Geldverkehrs modellieren. Geld verdienen ist also konzentrierte Zukunftsvorsorge, und Geld ist disponible Zukunft. Was auch immer kommen mag – mit Geld ist es zu managen. Auf eine Formel gebracht: Geld ist der General Problem Solver. Wer Geld hat, weiß zwar auch nicht, was kommen wird, aber er kann abwarten.

Der Sinn des Geldes ist sein Gebrauch auf dem Markt. Oder noch einfacher gesagt: Geld hat den Sinn, es auszugeben. Jede Zahlung zielt auf die anschließende Zahlung. Es geht also im Wirtschaftsleben gar nicht mehr vorrangig um ein Haben bzw. um Bedürfnisse, sondern um eine besondere Form von Kommunikation – eben Bezahlen. Deshalb interessieren sich Geschäftsleute bei innerbetrieblichen Bilanzen auch nicht für die absolute Kapitalgröße einer Firma, sondern für deren Beziehung zum „cash flow", einer dynamisch sich in der Zeit verändernden Flußgröße, die sich aus Gewinn, Abschreibung und Rückstellung zusammensetzt.

Mit diesem Funktions-Sinn müssen die Menschen heute auskommen. Mehr an Sinn gibt es nicht. Das klingt in vielen Ohren unerträglich. Denn um dem Leben einen Sinn zu geben, braucht man ja eigentlich Ideen wie Gott, Freiheit und Unsterblichkeit. Unser Problem ist aber, daß man diese schönen Ideen des Humanismus unter postmodernen Lebensbedingungen nicht mehr durchhalten kann. Hier springt nun das Geld ein. Das Geld ist heute unser funktionaler Ersatz für die unmöglich gewordenen Ideen des Humanismus.

Aber wie kann das Geld eine so dynamische Funktion erfüllen? Ich muß hier genauer formulieren: An die Stelle der Ideen tritt nicht einfach das Geld, sondern das, was Karl Marx einmal so schön „geldheckendes

Geld“ genannt hat – also Geld in der Prozeßform: *mehr Geld*. Wer das nicht begreift, wundert sich dann natürlich darüber, daß Multimillionäre immer noch weiterarbeiten, statt endlich ihren Reichtum zu genießen. Dieses Erstaunen ist aber naiv. Denn das Streben nach *mehr Geld* ermöglicht eine stabile Letztorientierung des Lebens, die auf „authentische“ Motive verzichten kann.

Und trotzdem haben Geldgeschäfte ein schlechtes Image. Unsere christliche Kultur hat ein sehr ambivalentes Verhältnis zum Geld. Einerseits will jeder mehr Geld, und man kann eben in der Tat feststellen, daß *mehr Geld* als eine Art Lebenssinnersatz funktioniert. Aber das biblische Verbot, vom Bruder Zins zu nehmen; der Haß auf die „Wucher-Juden“; die Kritik des „geldheckenden Geldes“; die Angst vor der Weltherrschaft der Großbanken – das zeigt, wie alt und konstant der kulturelle Verdacht gegen Geldgeschäfte ist.

Diese Ambivalenz zeigt sich besonders deutlich in der moralischen Diskreditierung des Kredits. Kredit läßt sich auf das lateinische Wort *creditum* zurückführen, also: Vertrauen. Hier steckt deshalb ein Problem, weil auch Vertrauen ambivalent ist. Vertrauen schließt nämlich hohe Unsicherheit und Risiko ein – es kann enttäuscht werden. Man könnte daraus lernen, daß Riskanz nicht der Ausnahmezustand, sondern der Normalfall des modernen Lebens ist; das heißt, daß alle Optionen riskant sind. Und daß derjenige am meisten riskiert, der das Risiko scheut – er riskiert nämlich, nicht mitzukommen.

Doch gleichgültig, ob man das Geld als Mammon verteufelt oder als Lebenssinnersatz häuft – es ist unstrittig das prominenteste und faszinierendste aller Medien. Das hat schon oft zu der Vermutung verführt, die

Wirtschaft beherrsche die ganze Welt. Das trifft aber nicht zu. Geld ist universal, aber eben auch nur spezifisch verwendbar – nämlich in der Wirtschaft. Es ist weder total noch absolut. Deshalb kann man nicht sagen, Geld sei, was die Welt im Innersten zusammenhält. Und das ist natürlich, zumindest für Romantiker, eine gute Nachricht. Man kann Messen lesen lassen, aber nicht das Seelenheil kaufen; man kann Forschung subventionieren, aber nicht Wahrheit kaufen; man kann Bafög zahlen, aber keine Lernbereitschaft kaufen; man kann Politiker korrumpieren, aber nicht Macht kaufen. Und man kann Frauen kaufen, aber nicht Liebe.

5. Der Konsum

Moderne Gesellschaften kultivieren Unzufriedenheit auf hohem Niveau. Das Streben nach Glück wird hier selbst zum Ersatz für das Glück; oder um es mit Albert Hirschmans Inversion der großen amerikanischen Verheißung zu sagen: *the pursuit of happiness* bringt den „happiness of pursuit". Soziologen haben dafür die paradoxe Formel gefunden, daß gerade Unruhe die Stabilitätsbedingung sozialer Systeme ist. Pleonexie, also ein Begehren, das eigentlich unersättlich ist, bringt die nötige Unruhe in die Wirtschaft; der alltägliche Ärger beunruhigt die Politik, und die Neugier irritiert die Wissenschaft. So erweist sich also gerade die Instabilität des Menschen, seine Neugier, sein Begehren, sein Unbehagen, seine Sensibilität, als Bedingung der Stabilität der Gesellschaft.

Die Wirtschaft pflegt diese Unruhe durch den schnellen Wechsel der Moden. Um immer wieder von neuem neu zu sein, muß man sich ständig von etwas neuem Altem abstoßen. Das Lustvolle, Stimulierende des Konsums liegt deshalb nicht in der Befriedigung von Bedürfnissen, sondern gerade in der Unbefriedigung, die das Begehren neu entflammt. Nur die Unlust eröffnet die Lust. Die größten Genüsse erreicht man dann gerade gegen den Strom der eigenen Neigung. Das Neue muß anders sein, aber nicht radikal anders, sondern anschlußfähig anders. Was nicht neu genug ist, ist langweilig – was zu neu ist, ist befremdlich.

Alles Neue erregt; alles Überraschende stimuliert. Aber durch Superstimulation entsteht Stress – dann wird Bequemlichkeit verlockend. Deshalb leben wir in der zu Recht so genannten Wohlstandgesellschaft zunächst und zumeist komfortabel. Doch aus dem Komfort resultiert Langeweile – und daraus befreit uns nur die Stimulation des Neuen. Wer sich an Neuem erfreuen will, muß es jedoch erst lernen. Deshalb bereitet uns der Reiz des Neuen, Unbekannten zumeist Unbehagen – und daraus flüchten wir in den Komfort. Aus dem Komfort resultiert Langeweile … und so fort.

Lust und Komfort sind, rein psychologisch betrachtet, funktional äquivalente Strategien, um ein aus dem Gleichgewicht geratenes, hyperstimuliertes, irritiertes Zentralnervensystem wieder zu äquilibrieren. Höchst unterschiedlich sind jedoch die Psychotechniken. Marshall McLuhan unterscheidet so: „Whereas pleasure is a counter-irritant (e. g., sports, entertainment, and alcohol), comfort is the removal of irritants." Die Wohlstandsgesellschaft, die uns alle Irritationen, Unlüste und Unbequemlichkeiten ersparen will, hat deshalb ein Grundproblem: „comfort gained, pleasure lost". Je mehr unsere Suche nach „comfort" und „convenience" Fortschritte macht, um so unmöglicher wird es, Lust zu empfinden. Und während wir den Gewinn an Komfort sofort verspüren, vollzieht sich der Verlust von Lust als schleichender Erosionsprozeß.

Comfort ist die Welt des zufriedenen Kunden. Robert Reich spricht in diesem Zusammenhang vom „pampering of bodies and minds". *Pleasure* ist die Welt des begeisterten Kunden. Man kann sich dieses Verhältnis von Komfort und Lust am besten am Auto verdeutlichen. Automatik ist *comfort*, die Hand am Schaltknüppel ist *pleasure*. Natürlich würde es für den Transportzweck genügen, einen preiswerten Japaner zu fahren – aber nur das Luxus-Auto stimuliert: Joyride.

Als Lustobjekt ist das Auto die Ware Erlebnis. Oder genauer gesagt, es funktioniert wie ein Fetisch als Schlüssel zur Erlebniswelt. In diesem Sinne will die Autostadt in Wolfsburg für die Welt der Mobilität sein, was Niketown in Chicago für die Welt des Sports ist. Natürlich würde kein Mensch freiwillig nach Wolfsburg fahren; aber Millionen fahren freiwillig in die Stadt *in* der Stadt, von der Klaus Kocks, der Generalbevollmächtigte für Öffentlichkeitsarbeit bei VW, sehr schön gesagt hat: „Wir erzählen den Menschen das Märchen von der Mobilität. Alle Lebenstile dieser Welt sind für jeden erreichbar.“ Wie Niketown ist die Autostadt ein Tempel der Lebensstile, in dem man ernst macht mit Otl Aichers Einsicht: „Das Auto ist ein Anbetungsgegenstand, der auch eine Art Altardesign braucht.“

Solche Kunststädte in der Stadt sind keine Verkaufsflächen, sondern Schauplätze einer religiösen Inszenierung des spirituellen Mehrwerts. Markenprodukte besetzen Ideen, um sie schließlich zu ersetzen. Freiheit, Individualität und Mobilität heißen dann konkret: Auto. Es genügt, einen Werbeblock im Abendprogramm des Privatfernsehens zu betrachten, um zu verstehen, wie das Auto als Symbol von Freiheit, Abenteuer, Emanzipation oder Familienglück funktioniert. Aber die zentrale Botschaft all dieser Verheißungen lautet: Autonomie im Automobil.

Wer gerne Bus oder Bahn fährt, wird das Auto-Ich nie verstehen. Er versteht vor allem nicht, daß es beim Autofahren nicht nur um Fortbewegung, sondern auch um Selbstdarstellung im Alltagsleben geht. Autos machen Leute. Persönlichkeit ist eine ununterbrochene

Folge erfolgreicher Gesten, hat Scott Fitzgerald einmal gesagt. Und das heißt hier konkret: einparken, ausbremsen, Lichthupe, den Arm aus dem Fenster baumeln lassen. So wird das Auto zum Statement; es gehört zu meiner Geschichte.

Deshalb appelliert die Werbung auch längst nicht mehr an den technischen Sachverstand, sondern setzt auf *Emotional Design* und ködert Gefühle. „The spirit of passion" (der neue Mercedes SL), „the soul of Audi" stehen zum Verkauf, und gerade auch bei Porsche spricht man nicht mehr über Technik, denn sie ist ohnehin die beste. Perfekte Technik ist die sachliche Basis, von der sich jener spirituelle Mehrwert der Autonomie im Automobil abheben kann. Prinzipiell gilt ja: Je technischer ein Sachverhalt, desto unwichtiger sein Kontext. Mein Auto fährt in Staub und Hitze Andalusiens genau so sicher wie auf der Düsseldorfer Kö. Deshalb sind Landrover und Jeeps auch bei Leuten beliebt, die den glatten Asphalt der westlichen Zivilisation niemals verlassen – sie akzentuieren das Gefühl absoluter Unabhängigkeit von der Umwelt.

Es geht hier um den von Faith Popcorn beschriebenen Effekt des *Cocooning*, aber unter den Bedingungen absoluter Mobilität. Das Auto ist das bewegte Heim, die kontrollierte Insel im Chaos der Moderne. Und hier versagen die öffentlichen Verkehrsmittel völlig. Während einem die Mitmenschen in Bus und U-Bahn auf den Leib rücken, garantiert das Auto die Sicherheitszone des Menschen. Es bietet dem Ritter der Massendemokratie Pferd und Rüstung zugleich. Deshalb hinkt der beliebte Vergleich mit dem Panzer des Käfers. Immerhin macht er deutlich, daß das Auto-Ich nach Schutz *und* Aggression gleichermaßen verlangt. Oder um es mit den unsterblichen Worten von Otl Aicher zu sagen: Der Autofahrer will „das Sofa als Rakete".

Geschwindigkeit macht das Alltägliche reizvoll. Das ist das eine. Hinzu kommt die drogenartige Wirkung des Rasens. Von den Futuristen bis zur Formel I, von Marinetti bis Schumi reicht die Kette der Jünger eines Kults der Geschwindigkeit. Während die westliche Welt sich unaufhaltsam feminisiert und Soziobiologen den *Untergang des Abendlandes* (Oswald Spengler) durch die Diagnose eines *Decline of Males* (Lionel Tiger) überbieten, gewährt das Auto eines der letzten Asyle der Männlichkeit. Bei Tempo 220 auf der Autobahn tritt man in Kontakt mit der archaischen Schicht. Jeremy Bentham hat das Deep Play genannt: ein Spiel, das die tiefsten Leidenschaften entfesselt.

Einen soziologischen Beobachter der Moderne kann dieses hochriskante Alltagsverhalten nicht überraschen. Es ist eine Reaktionsbildung auf die Folgelasten des zivilisatorischen Fortschritts. Wir haben ja gerade vom Grundproblem der modernen Convenience-Märkte gesprochen: je bequemer das Leben, desto lustloser. Die Wohlstandsgesellschaft bringt das Opfer der Lust. Deshalb brauchen die Konsumbürger die kompensatorische Lust des Gefährlichen. Formelhaft gesagt: Wer sehr komfortabel lebt, muß sich selbst gefährden – wenigstens: Rauchen. Oder im Stil der neuen Zeit: Day-Trading, das Hubert Burda als Bungee-Jumping für Hausfrauen eingestuft hat.

Das Auto-Ich findet seine Autonomie im Joyride. Deshalb werden Busse und Bahnen immer unattraktiv bleiben. „Wir werden nie Gefahr laufen, mit unausstehlichen Menschen in ein Kupee gesperrt zu werden. Wir werden selber bestimmen, ob wir schnell oder langsam fahren, wo wir anhalten, wo wir ohne Aufenthalt durchfahren wollen.“ So Otto Julius Bierbaum, der vor hundert Jahren Goethes Italienische Reise im Auto nachgefahren war. Er genoß die „Wollust dieses Dahinrollens“ so sehr, daß das scheinbare Ziel, nämlich Rom, nur noch die Unruhe in ihm weckte, sofort weiterzufahren. Seither gilt für den wahren Autofahrer: Der Weg ist das Ziel. Man fährt mit wem man will, wann man will und wohin man will. Allein schon die Emanzipation vom Fahrplan macht Autofahren als Machtpraxis des kleinen Mannes kenntlich.

Pascal meinte ja, alles Unglück der Menschen habe seinen einzigen Grund in der Unfähigkeit, in Ruhe in ihrem Zimmer zu bleiben. Statt also ruhig im Zimmer zu sitzen und ein gutes Buch, etwa von Pascal oder Ulrich Wickert, zu lesen, fährt das Auto-Ich aus und weg. Man fährt, weil man nicht still sitzen kann. Autofahren ist vor allem auch Wegfahren, Flucht vor der Langeweile der eigenen Wohngegend und der Tristesse des Familienlebens. Der demokratische Luxus Freizeitverkehr ist deshalb ein ewiges Ärgernis für die Verkehrsplanung und ein Skandal für die ökologische Vernunft. Die Hälfte aller Fahrten mit dem Auto hat nämlich ihren Zweck in sich selbst. Man begreift also gar nichts von der Faszination Fahren, wenn man im Auto nur ein Transportmittel sieht. Es geht vielmehr um Entertainment, Genuß, Lust.

So erklärt sich auch die Konjunktur der Risikoästhetik, die kompensatorische Lust des Gefährlichen. Modern lebt man in einem Leidenschaftsvakuum. Große Gefühle gibt es nur noch unter Bedingungen, die Ellen Berscheid als *controlled exposure situation* beschrieben hat. Man läßt sich überraschen und aufregen – kann aber jederzeit rausgehen oder abschalten. Wer etwa Achterbahn fährt, genießt inszenierte Hilflosigkeit.

Das Ereignis muß heute also gerade folgenlos sein – ein „self-enclosed event". Unter diesen Bedingungen verwandeln sich die Gefahren der Unsicherheit in Möglichkeiten der Überraschung. Ungewißheit und Unbestimmtheit werden dann nicht mehr als Drohung, sondern als Stimulans des Lebens erfahren. Mit anderen Worten: In der Ästhetik des Risikos entfaltet sich der Konsum als die Kultur des folgenlos Subjektiven.

Keynes hat als erster Ökonom das große Problem gesehen: Die Leute wissen nichts mit ihrer Zeit anzufangen. Wenn sie keine Sorgen haben, langweilen sie sich zu Tode. Deshalb ist das Programm der Massenmedien sozialtherapeutisch von größter Bedeutung. Alle „gute Unterhaltung" reagiert nämlich auf die Verzweiflung der Langeweile. Statt hier nun – wie Adorno und Postman – kulturkritische oder – wie Kierkegaard und Heidegger – existenzphilosophische Reflexionen anzuschließen, genügt uns die Einsicht von Adam Phillips, daß Langeweile der Wunsch nach einem Begehren ist. Es mangelt an Mangel und Irritation.

Schon rein neurologisch gilt: Langeweile ist der Feind des Gehirns. Deshalb brauchen wir Sport, Hobbies, Sex, Drogen und Musik. Und von der Neurologie zur Soziologie ist es dann nur ein Schritt: Die Grunddynamik des modernen Lebens ist die Flucht vor der Langeweile. Aus der Sackgasse, in die uns das Bedürfnis nach Komfort gesteuert hat, kann uns nur die Stimulation des Neuen befreien. Dem entsprechen zwei prinzipiell unterschiedliche Produktkategorien, nämlich bequemlichkeitssichernde „defensive products" und stimulierende „creative products" (Ralph Hawtrey). Die Kreativen sucht man übrigens zu Recht in Werbung und Mode. Mit dem raschen Wechsel der Moden kompensiert unsere Kultur mangelnde Varietät. Ähnlich versuchen manche, der Monotonie der Monogamie durch Kettenehen zu entgehen. Das Neue (oder eben: die Neue) ersetzt das Wesentliche. Deshalb kann nur noch das Neue (oder eben: die Neue) für wesentlich gehalten werden. Sein ist Erregtsein.

Der puritanische Kapitalismus hat immer nur die Geschicklichkeiten der Produktion kultiviert – darüber sind die *consumption skills* verkümmert. Erst Thorstein Veblens Begriff „conspicuous consumption" hat darauf aufmerksam gemacht, daß man nicht nur konsumiert, sondern den Konsum zugleich auch ausstellt und darstellt. Der Marktplatz ist immer auch ein Schauplatz der Prahlerei. Wir alle spielen Theater – gerade auch, wenn wir konsumieren. Und verkaufen läßt sich deshalb heute nur noch, was einen „Inszenierungswert" hat.

Der Einbruch der Theatralität in den Alltag, den wir eigentlich meinen, wenn wir von Postmoderne reden, zeigt, daß wir die Angst vor Schein und Simulation verloren haben. Auch zu sich selbst entwickeln die Menschen ein theatralisches Verhältnis. Die Amerikaner sprechen von *Self-fashioning*. Gemeint ist damit, daß Existenzfragen heute ästhetisch behandelt werden. Das Leben wird zum Stoff eines Kunstwerks; es ist ein permanenter Selbstversuch, der den Konsum als hohe Kunst betrachtet. Viele dieser Konsumfähigkeiten muß man übrigens erlernen: etwa Lesen, Tennis, Surfen, Austern essen – das sind *consumption skills*.

Self-fashioning, die Kosmetik der Existenz, wird um so wichtiger, je mehr die religiösen Grundlagen der Kultur unglaubwürdig werden und je mehr der Unwille wächst, das Privatleben allgemeinen Gesetzen zu unterwerfen. Was not tut, wenn der Glaube schwindet, ist Stil, das heißt der Entwurf einer Ethik als Ästhetik der

Existenz. Den fundamentalen Umschaltmechanismus hatte David Riesman schon in den fünfziger Jahren erkannt: Die verlorenen Lebensformen werden durch „training in consumer taste" ersetzt.

Diese wenigen Beobachtungen genügen schon, um deutlich zu machen, daß die Märkte der westlichen Welt viel zu komplex und raffiniert geworden sind, als daß man sie noch „ökonomisch" im Stil der Betriebswirtschaftslehre verstehen könnte. Wenn die Menschen nur einkaufen gehen würden, weil sie etwas *brauchen*, und wenn sie nur kaufen würden, *was* sie brauchen, wäre die kapitalistische Wirtschaft längst zusammengebrochen. Auf den Märkten der westlichen Welt wird also um Kunden konkurriert, die im Grunde schon alles haben, was sie brauchen. Man kann es auch so sagen: Das Bedürfnis des Kunden ist zur knappen Ressource geworden.

In der Wirtschaft des 21. Jahrhunderts schafft das Angebot die Nachfrage. Wenn – wie in der westlichen Welt prinzipiell – die fundamentalen Bedürfnisse befriedigt sind, gilt nämlich: „above the subsistence level, you do not need anything until you have it." Deshalb müssen Marketing und Werbung durch die Erfindung von künstlichen Bedürfnissen bei den Kunden eine Wunschspirale in Gang setzen. Mit anderen Worten: Das Marketing interpretiert das Begehren des Kunden; und letztlich ist der Wunsch des Kunden nichts anderes als diese Interpretation. Demgegenüber ist das, was die Menschen selbst über ihr Begehren meinen, allenfalls ein Symptom ihres Begehrens.

Es geht in der Tat um Verführung – aber ganz anders als es Vance Packard glaubte, der die Welt noch vor den *hidden persuaders* der Madison Avenue retten wollte. Der Mensch ist das verführbare Wesen; er hat keine Instinktsicherheit und braucht deshalb Außenhalt. Aber diesen Außenhalt bieten heute weder die Religion noch die Nation, weder die Familie noch die revolutionäre Idee. Das macht die Entstehung des Konsumismus als Ersatzreligion verständlich. Der Konsum integriert die postmaterialistische Gesellschaft durch Verführung. Das gemeinsame Angebot der postmodernen Märkte lautet: Wiederverzauberung der entzauberten Welt. Und wo gezaubert wird, gilt: „man will der Betrogene sein". Auf diesem Erlebnismarkt ist jeder Kunde ein *Prosumer* im Sinne Alvin Tofflers; das Warenangebot ist nur noch Beihilfe zur Selbsttäuschung.

Vor dem Hintergrund des gerade Gesagten läßt sich ein Dreistufenmodell des Konsums entwerfen:

→ Früher ging es um klar artikulierbare Bedürfnisse, und der Kunde forderte: *Befriedige mich!* Das gilt historisch von Hegels „System der Bedürfnisse" bis zum untadeligen Geschäftsethos des hanseatischen Kaufmanns, das Hans Domizlaff so eindringlich beschworen hat.

→ Als alle Bedürfnisse auf Dauer befriedigt waren, forderte der Kunde: *Verführe mich!* Damit öffnet sich die Welt der Wunschökonomie, die der kapitalistischen Wirtschaft scheinbar eine Unendlichkeitsgarantie ausstellt – denn wo sollte die Wunschspirale enden? Historisch gilt das von den Babyboomers bis zu den Yuppies. Den Übergang vom System der Bedürfnisse zur Wunschökonomie kann man so schematisieren: Erst sucht der Kunde Waren und der Markt informiert. Dann sucht die Ware Kunden – und der Markt verführt.

→ Heute wird der Kunde von Metapräferenzen – oder wie der Philosoph Harry Frankfurt sagt: second order desires – bestimmt und fordert: *Verändere mich!* Die Marke wird hier zum Medium der Transformation des Kunden. „The customer is the product!" Wie bei Erziehung und Therapie geht es hier um *people processing.* Das Gelingenskriterium ist nicht einfach nur Anschlußkommunikation, sondern eben die Veränderung von Menschen.

Über Bedürfnisse kann man sich Rechenschaft ablegen; man weiß, was man braucht, und kann die Angebote des Marktes, also das Preis-Leistungs-Verhältnis rational kalkulieren; Bedürfnisse kann man befriedigen. Wünsche dagegen sind unbewußt und unerfüllbar. Niemand weiß wirklich, was er sich wünscht. Und wer glaubt, den Markt der Zukunft erforschen zu können, indem er Kunden fragt, was sie sich wünschen, ist ein „rational fool". Wünsche können nicht erfüllt werden – wir bekommen immer etwas *statt dessen.* Deshalb kaufen sich Menschen Dinge und Leistungen, die sie gar nicht brauchen.

I can't get no satisfaction – das ist das ganze Geheimnis des Begehrens. Mit anderen Worten: Das Begehren des Menschen zielt immer auf etwas, das nicht benennbar ist. Und deshalb muß man kaufen und kaufen und kaufen. W. I. Thomas hat vier fundamentale Wünsche unterschieden, die unser Leben antreiben: adventure, security, recognition, response. Und es ist nicht schwer, die Märkte zu identifizieren, die diese Wünsche ködern. Den Wunsch nach *Abenteuer* bedienen „Erlebnisgesellschaft" und Risikoästhetik; den Wunsch nach *Sicherheit* bedient die Angstindustrie; den Wunsch nach *Anerkennung* bedienen die jeweils modischen Varianten der „conspicuous consumption"; den Wunsch nach *Antwort* bedienen die Medien.

Man darf Geschmack, Wünsche und Vorlieben

nicht als exogene Faktoren begreifen. Sie entstehen aus der Situation; die anderen zeigen mir mein Begehren. Das hatte Thorstein Veblen schon vor über hundert Jahren begriffen, als er den Konsumismus als „a race for reputability on the basis of an invidious comparison" charakterisierte. Der neidische Vergleich mit den anderen wird im System des Konsumismus habituell, und der im Konsum sichtbare Erfolg wird so zur Evaluationsbasis des modernen Menschen. Die Frage nach seinem Willen oder seinen Bedürfnissen – konkret: „Was will der Kunde?" – führt deshalb meist in eine Sackgasse. Begehren dagegen ist ein Verhältnisbegriff, der aus dieser Sackgasse des Willens herausführt. Das Begehren ist nämlich immer auf den anderen bezogen.

Man wählt nicht das Objekt, sondern den Wunsch des anderen, das Wünschenswerte. So funktioniert die Frage Was ist „in"? wie ein Kompaß auf den sozialen Märkten des Ansehens und Status. Die Moden wechseln nicht, weil sich der Geschmack der Eliten ändert, sondern weil sich die *lags in behavior* zwischen Geschmacksführer und Masse immer wieder schließen. Der Markt der Eliten existiert also immer nur für kurze Zeit. Und diese Verkürzung der Zeit des „in"-Seins wirkt wie ein Vergrößerungsglas für die feinen Unterschiede der Marken.

Ökonomen operieren hier mit dem neutralen Begriff der Präferenzen. Doch wichtiger als alle Vorlieben ist das, was man glaubt wünschen zu sollen. Ein solcher Wunsch zweiter Ordnung ist ein „desire for a new want". Was muß das für ein Gefühl sein, allein und ohne Sauerstoffgerät auf den K2 zu kraxeln? Hätte ich einen Kreativitätsschub, wenn ich koksen würde? Selbstverwirklichung durch ein Designstudium – oder Transzendentale Meditation? Es geht primär um das

Wünschen, nicht um die Wunscherfüllung: „all he wants is to taste the desire".

Der von Metapräferenzen bestimmte Kunde ergreift den prestigeträchtigen Markenartikel in der Erwartung einer Transformation: Verändere mich! Wer derart anders sein will, als er ist, hat aber nicht den Wunsch nach etwas Bestimmtem, sondern – nach einem Wunsch. Jedes Kind kennt ja die Geschichte von dem, der drei Wünsche frei hatte. In dieser Geschichte geht es im Kern um den Wunsch, bessere Wünsche zu wünschen. Und die Werbung erzählt solche Geschichten, die den Wunsch nach besseren Wünschen wecken, für Erwachsene. Und für die vielen, denen die Werbewelt selbst schon lebbare Wirklichkeit geworden ist, gilt dann: Das Beste am Leben sind die Geschichten über das Beste am Leben.

Es gibt also nicht nur Präferenzen, sondern auch Präferenzen für Präferenzen. Und es gibt solche Metapräferenzen, weil Menschen sich selbst bewerten. An diesem Evaluationsproblem scheitert jeder klassisch ökonomische Ansatz. Denn die Ökonomie nimmt Zwecke als gegeben an; sie abstrahiert also vom Nachdenken über Zwecke. Insofern können wir sagen: Die Wünsche zweiter Ordnung sprengen den Rahmen der Betriebswirtschaftslehre.

Es macht den Kernbestand des modernen Selbst aus, daß es sich in seinen Konsumchancen selbst bewertet und dabei Wünsche zweiter Ordnung ausbildet. Mit den präzisen Worten von Arthur M. Kroll: „The self is a person's evaluation of himself". Deshalb entscheidet nicht ein philosophisches Colloquium, sondern jedes Individuum selbst darüber, was Individualität ist – es tritt mit dem Anspruch der Eigenrichtigkeit auf. Und so kann auch nur das Individuum selbst entscheiden, was ihm Nutzen und Wohlbefinden bringt: „individuals maximize welfare as *they* conceive it". Dieses eigenrichtige Individuum markiert die Marktfähigkeit dessen, was Oscar Wilde einmal „self-culture" genannt hat. Der Konsum ist heute das Medium einer Kultur des Selbst. Oder um es im Jargon der Medientheorie Fritz Heiders zu formulieren: Die Waren sind die lose gekoppelten Elemente des Mediums Konsum, in das die rigide gekoppelten Formen der Lebensstile eingeprägt werden.

Hier zeigt sich, daß das Konzept des „Inszenierungswerts" nicht nur für Produkte und Dienstleistungen, sondern vor allem auch für die Konsumenten selbst gilt. Im System des Konsumismus inszeniert sich das Leben selbst und erfindet seine Identität. Der Wunsch „Verändere mich!" führt dabei natürlich nicht zu einer wirklichen Veränderung; es geht, wie gesagt, nur darum, das Anderssein zu schmecken. Mit anderen Worten: Man kann sich zwar nicht ändern, aber umerzählen und ein neues „Make-up der Identität" auflegen. Es ist deshalb die wesentliche Aufgabe des Marketing und der Werbung, Formulierungshilfen bei der Eigenkonstruktion von Geschichten zu geben, mit denen sich dann Individuen identifizieren können.

Wünsche zweiter Ordnung zielen vor allem auf den spirituellen Mehrwert der Waren, und soweit es sich dabei um Luxusgüter handelt, können wir beobachten, daß die Wirtschaft des 21. Jahrhunderts einen Luxus zweiter Ordnung bietet. Um das zu verstehen, muß man sich klarmachen, daß Luxusmarken seit jeher totemistisch funktionieren. Was zählt, ist der prägnante Name, den man selbst als semantischen Markenartikel definieren könnte. Klassische, jedem vertraute Beispiele sind Rolex, Mercedes, Armani. Der *Financial Times* ist die schöne Definition zu verdanken: „A luxury brand is one believed to confer magic status on its owners. Luxury brands, whatever their origins, are vigorously promoted names in the marketplace now. Their values are totemic ones; the name is everything."

Wie die Marke hat der Luxus noch eine große Zukunft vor sich, weil – so Hans Magnus Enzensberger in einer Art *Thorstein Veblen Revisited* – „das Streben nach der Differenz zum Mechanismus der Evolution gehört und die Lust an der Verschwendung in der Triebstruktur wurzelt". Wenn wir nun im Blick auf die Märkte des 21. Jahrhunderts von einem Luxus zweiter Ordnung sprechen, so soll das besagen: Es geht nicht mehr um die naive Ostentation des Konsums und der Kaufkraft, sondern um eine spirituelle Technik der Differenz. Der Luxus der Zukunft wird ein unsichtbarer Luxus sein: Zerebralkonsum, Aufmerksamkeit, Sinn, Ruhe, Raum. Enzensberger hat dieser Entwicklung die dialektische Pointe gegeben: „Der Luxus der Zukunft verabschiedet sich vom Überflüssigen und strebt nach dem Notwendigen."

Nirgendwo kann man die verblüffenden Wendungen, die der Konsumismus in den Registern der *second order desires* und des Luxus zweiter Ordnung nimmt, besser studieren als auf den Märkten der Sorge. In der Welt von Wohlstand und Fürsorge wächst der Wunsch, sich um jemanden oder etwas zu sorgen. Traditionell sorgt man sich um die Kinder und die Alten; das grüngefärbte Bewußtsein sorgt sich um „ die Natur"; das schlechte soziale Gewissen sorgt sich um „die Armen" der Welt; die Unpolitischen, denen Kinder oder Senioren zu anstrengend und soziale oder Umweltprobleme zu komplex sind, sorgen sich um Haustiere; die „fit for fun"-Generation sorgt sich um den Sorgen eigenen Körper; einsame Kinder sorgen sich um ihr Tamagotchi.

Wir können in der modernen Gesellschaft eine Art *outsourcing* des Familiären beobachten – und deshalb einen wachsenden Markt für Symbole der Sorge. „People have a need to provide care." Und dieser Wunsch, sich zu sorgen, gründet in dem Wunsch, gebraucht zu werden: „I have a need to be needed." Hier passen zwei fundamentale Wünsche wie konkav und konvex zusammen:

→ Was mir fehlt, ist, daß ich jemandem fehle.

→ Was mir fehlt, ist persönliche Aufmerksamkeit.

Man muß deshalb kein Prophet sein, um vorauszusagen, daß sich in einer postmaterialistischen Welt wieder das Dienstverhältnis als fundamentale Verkehrsform der Gesellschaft ausprägen wird. Service wird um so wichtiger, je weniger sich unsere moderne Gesellschaft auf Werte wie „Solidarität" und „Compassion" stützen kann. Formelhaft gesagt: Dienstleistungen ersetzen die Zwischenmenschlichkeit. Es handelt sich ja bei jedem guten Service um ein Schauspiel der Zwischenmenschlichkeit. Und diesen *human service* kann man prinzipiell nicht durch Güter ersetzen.

In der „attention industry" geht es also zum einen darum, persönliche Aufmerksamkeit zu verkaufen. Die Märkte des Sorgens antworten aber zugleich auch auf den paradoxen „demand for giving" und verheißen die Emanzipation von der Rivalität des Begehrens. Damit haben wir uns von den Startbegriffen des Konsumismus, nämlich *pleasure* und *comfort*, weit entfernt – und zwar in nur zwei Schritten. Schon bei Adam Smith finden wir für die Scitovskysche Antithese Lust vs. Komfort einen Rejektionswert: die Eitelkeit. „It is the vanity, not the ease, or the pleasure, which interests us. But vanity is always founded upon the belief of our being the object of attention and approbation."

Das ist die erste wichtige Komplexitätsanreicherung unserer Theorie des Konsumismus: Die Antithese Scitovskys

→ *comfort vs. pleasure*

wird durch den Smithschen Rejektionswert zurückgewiesen, also

→ *vanity vs. comfort/pleasure.*

Eitelkeit gründet in unserem Begehren nach Aufmerksamkeit und Anerkennung. In den Argumentationen des Ökonomen Smith und des Kulturkritikers Rousseau sind *vanity* und *amour propre* funktional äquivalent. Während Rousseau aber nur die Unnatürlichkeit des Konsumismus sehen kann, erkennt Smith im Konsum die liberale, unblutige Form, sich Anerkennung zu verschaffen. Doch nun ist noch ein weiterer Schritt zu tun. Es zeigt sich, daß es auf den Märkten der Postmoderne auch noch eine Alternative zum Smithschen Rejektionswert gibt – statt Rivalität, Neid und Eitelkeit: die Welt der Sorge,

→ *care vs. envy/vanity.*

Eine derartige Komplexitätsanreicherung in der Theorie des Konsumismus hatte ja schon Maslow im Sinn. Wir fügen gewissermaßen nur ein Stockwerk hinzu. Je höher der Kunde auf Maslows Bedürfnispyramide steigt, desto instabiler werden die Wünsche. Deshalb wird nur der Anbieter Erfolg auf den Märkten der Zukunft haben, der Wünsche ändert – statt sie nur zu befriedigen. Wichtiger als die Bedürfnisbefriedigung wird die „experimentation in wants and satisfactions". Der Vorrang des Experiments vor der Befriedigung schließt aber Genuß nicht aus. Man kann genießen – das ist trivial. Gebildete haben von Friedrich Schlegel gelernt, daß man den Genuß genießen kann. Ungebildete lernen durch Weight Watchers und Low Fat-Produkte, daß man das Genießen kontrollieren kann. Und die Logik der Metapräferenzen ermöglicht es schließlich, daß man die Kontrolle des Genießens genießt.

Der Aufstieg auf Maslows Bedürfnispyramide führt also recht rasch in Gebiete des nicht-trivialen Konsums. Und in genau diesen Aspekten ist der Konsumismus die paradigmatische Lebensform unserer Zeit. Daß man heute nur noch Produkte verkaufen kann, die einen spirituellen Mehrwert haben, verschafft der These Evidenz, daß wir in einem postökonomischen Zeitalter leben. Die technische Immaterialität und die postmaterialistischen Werte haben die Konsumlandschaft dramatisch verändert. Jetzt muß man Dinge verkaufen, die eigentlich unsichtbar sind. Und die Kunden melden Bedürfnisse an, die man früher an Kunst und Religion adressiert hat.

Folgerichtig arbeiten die Unternehmen heute an einem Kapitalismus mit gutem Gewissen, der sich selbst auch *Caring Capitalism* nennt. Idealismus verkauft sich nämlich gut. Waschmittel sollen ethischen Standards entsprechen; an die Stelle von Ausbeutung soll der Fair Trade mit Entwicklungsländern treten. Grüner Punkt und das Siegel „umweltfreundlich“ genügen nicht mehr – es entstehen „Ethik-Marken“. So tritt etwa Body Shop auf, als sei es kein Unternehmen, das Waren verkaufen will, sondern eine Philosophenschule, die uns das wahre Leben lehrt.

Die Warenproduktion zeigt heute immer deutlicher eine publizistische Dimension; Idealgüter drängen auf den Markt. Mit anderen Worten: Der Produzent inszeniert sich als Publizist, der Unternehmer als Politiker – Berlusconi und Benetton sind nur die bekanntesten

Beispiele. Das Politisch-Soziale wird zum Schauplatz des Marketing. Unternehmen adressieren ihre Brands an den „mündigen Bürger"; die Politik verkauft Parteiprogramme als Sonderangebote und wirbt um Good Will. Das entlastet den Verbraucher. Er kann das Denken durch Kaufen ersetzen und mit dem Kauf Ideen signalisieren – etwa so wie man eine Flagge hißt.

Im System des Konsumismus werden die Wünsche der Kunden nicht erfüllt, sondern geködert. Und das kann auch gar nicht anders sein, denn was man sich wünscht, ist nicht zu kaufen. Aber man kann dem Wunsch Anerkennung verschaffen – in einem Produkt. Doch dieses Produkt muß geistig angereichert sein, einen spirituellen Mehrwert haben. Und hier bestätigt sich wieder die Funktionsäquivalenz von Konsumismus und Religion. Die Götter, die aus dem Himmel der Religionen verdrängt wurden, kehren als Idole des Marktes wieder. Stanley Fish nennt das: „to entertain beliefs". Werbung und Marketing besetzen die vakant gewordenen Stellen des Ideenhimmels. Düfte heißen Ewigkeit und Himmel, Zigaretten versprechen Freiheit und Abenteuer, Autos sichern Glück und Selbstfindung. Mit einem Wort: Marken besetzen Ideen, um sie schließlich zu ersetzen.

Wenn man Wünsche nicht durch Objekte befriedigen kann, dann muß man sie durch Güter zweiten Grades ködern. Unsichtbares verkaufen – das ist die Antwort auf die Frage, wie man in einem postökonomischen Zeitalter Profit machen kann. Mit anderen Worten: Wenn eine bestimmte Schwelle zivilisatorischer Sättigung überschritten ist, spielt sich alles Entscheidende nur noch im Kopf ab. Zerebralkonsum hat Arnold Gehlen das genannt. Der Konsum wird „reflexiv", das heißt, er bezieht sich auf sich selbst: Wir konsumieren nicht nur Güter, sondern wir konsumieren auch das Konsumieren. Solche raffinierten, paradoxen Bedürfnisse fordern Produkte, die sich im Geist des Kunden formen.

Dieser neue ungegenständliche Konsum orientiert sich an *intangibles*, das heißt an Qualitäten, die sich nicht mit Händen greifen lassen, sondern geistiger Art sind. Charles E. Lindblom definiert: „Ends are not material – that is, not physical objects. They are sought states of mind, like feelings of security and satisfaction, including such pleasures as friendship and adventure. Food – is it not material? Yes, but its material qualities, weight, volume, or solidity, are not what we want. We want such nonmaterial intangibles as satiation, taste, and novelty. Clothing? We dress to conform and to display." Deshalb ist es wichtig, die Produkte nicht mehr als Dinge, sondern als Persönlichkeiten zu begreifen. Ob man Pepsi oder Coca Cola trinkt, ist keine Frage der Geschmacksnerven, sondern des Weltbildes, das der Video-Clip entwirft.

Unter Bedingungen der Modernität leben wir in einem Vakuum der großen Gefühle. In der sachlichen Welt unserer sozialen Systeme gehen Emotionen ins Leere. Passionen und Leidenschaften sind heimatlos geworden und suchen nach Schauplätzen der Selbstinszenierung. Deshalb gehen Marketing und Werbung dazu über, Gefühlsmuster anzubieten. Seit der Revolution der Pop Art kann man wissen: Gefühle haben ihre wahre Intensität nicht im Leben, sondern in den Medien und im Konsum. Emotional Design verschafft den objektlosen Emotionen einen Außenhalt; es bietet in den Ritualen des Konsums Gefühlsformeln an, die die Komplexität der Welt auf ein buntes Warenangebot reduzieren. Man könnte sagen: Je sachlicher die Menschen, desto persönlicher die Waren. Der postmaterialistische Konsum besorgt den Transfer zwischenmenschlicher Qualitäten in die Dingwelt. Romantiker versichern immer wieder: „Liebe kann man nicht kaufen!" Das trifft zu. Aber das spricht im System des Konsumismus gegen die Liebe zu Menschen und für das, was man kaufen kann.

Walt Disney hat sein großes Konzept *Imagineering* einmal so definiert: „what we're selling is a belief in fantasy and storytelling". Die Wirtschaft hat diese Lektion gelernt und entfaltet heute einen Markt der Gefühle, auf dem die Unternehmen einen Wettbewerb der Geschichten veranstalten. Eine Ware auf dem Markt zu positionieren, das heißt ihr einen Platz zu schaffen – das geht nur durch eine Story. Und ganz entsprechend kauft der postmaterialistische Kunde keine Güter, sondern Geschichten, Gefühle, Träume und Werte. Wenn man schon alles hat, was man braucht, wird man erst richtig sozial. Leute interessieren sich für Leute, das heißt für Geschichten. Und man sucht diese Geschichten nicht mehr nur in Büchern oder Filmen, sondern vor allem in Konsumgütern. Um diesen Mehrwert „story value" dreht sich die Zukunft des Konsums. „Anyone seeking success in the market of the future will have to be a storyteller." Ob es um die Identität eines Menschen, um den Kern einer Marke oder um die Kultur eines Unternehmens geht – Sinn produziert man, indem man Geschichten erzählt.

Ob Geschichten, Talk oder Klatsch – Konversation ist die stabilste Form der Stimulation. Und das machen sich die Märkte heute zunutze. Kommunikation erweist sich als die Avantgarde des Konsumismus. Wer sich auf dem Markt behaupten will, muß deshalb Konsumformen der kommunikativen Lust prägen – bis hin zum *pleasure of bargaining*, jener uralten Lust, der man, seit Feilschen wieder erlaubt ist, nun auch in Deutschland frönen darf. Seit das Bedürfnis des Kunden zur knappen Ressource geworden ist, suchen viele Waren einen Käufer. Die erfolgreiche Marke spitzt sich deshalb nicht mehr zum Stimulus des Kaufakts zu, sondern sie entfaltet sich als Schauplatz von Kommunikation. Man muß den Kunden in Kommunikation verstricken – deshalb braucht man Waren, die zugleich diskursive Fakten sind. Der Markt bewältigt also die Kontingenz der Kundenwünsche im Medium der Konversation. In Gordon Pasks unsterblichen Worten: „Now, of course, you are an awfully random thing because you burble out words. On the other hand, if I can establish a conversation with you, this is no longer the case."

Wenn man in ein Café geht, ist man nicht primär an Kaffee interessiert, sondern an den Leuten, der Atmosphäre, der Gelegenheit zum Gespräch. Schon Montaigne wußte, daß es nicht wichtig ist, was man ißt, sondern mit wem man ißt. Es geht um *sociopleasure* im Sinne von Lionel Tiger. Auf dem Erlebnismarkt sind die Kunden erst Publikum und dann Konsumenten – hier erweist sich das Showbusiness als Prototyp jedes Geschäfts. Die Angestellten sind Schauspieler, und die Kunden kaufen gestaltete Erfahrung. Im Idealfall wird der Kunde schließlich selbst zum Mitspieler, und er tritt ins Bild ein. Diesen sozialen Mehrwert der Ware hat Bernard Cova „Societing" genannt.

Man verbaut sich systematisch den Zugang zum System des Konsumismus, wenn man Shopping mit „Einkaufen" übersetzt. Es handelt sich vielmehr um eine Lebensform. Man sucht und untersucht das Beste, das man finden kann, und verwandelt sich dabei selbst.

Shopping ist die Erziehung des Gefühls für die postmoderne Welt. Dem entspricht die *customer education* durch *philosophy brands* – wie erstmals bei Body Shop. Insofern hat Shopping sehr viel mehr mit Information Retrieval als mit „Besorgungen" zu tun: Man lernt, was *in* ist, und erforscht ein Wertefeld. Größer als der Wunsch, zu bekommen, was wir wünschen, ist nämlich der Wunsch, herauszufinden, was wir *wirklich* wünschen. Wir gehen einkaufen, um herauszufinden, was wir wollen. Und wenn man wählt, entdeckt man ein Ziel.

Shopping als Lifestyle besagt: Die Lust des Neuen hängt am Kaufakt, nicht am Besitz. Es ist kein instrumenteller Akt, sondern ein kommunikatives Ereignis. Genauer: Shopping ist nicht Einkaufen, sondern der reflexive Akt, der das Konsumieren selbst konsumiert. Shopping ist also eigentlich objektlos; es hat eine intrinsische Befriedigung. Wer Konsum als Spiel betreibt, hat das Vergnügen, Konsumformen zu wechseln. Allein durch Auswahl, Montage und Gebrauch von Massenprodukten erzeugt Shopping eine stimulierende Varietät. So räumen die Ultra Consumers mit dem Vorurteil auf, daß das Tiefe wichtiger ist als das Superfizielle.

Die Kulturkritiker werden arbeitslos, weil der Konsum sein schlechtes Gewissen verliert. Kulturkritik war nämlich immer nur die Bußpredigt des Kapitalismus, hinter der letztlich die puritanische Vorstellung stand, Produktion sei die Sache der Erwählten, Konsum aber die der Verdammten. An die Stelle der Kulturkritik ist längst ein witziges Culture Jamming getreten – und diese Subversionstechnik tritt ihrerseits in den Dienst eines geschickten Marketing.

Adbusters heißen die Hacker in der Bilderwelt – sie

arbeiten an der Dekonstruktion der Werbung. Doch eigentlich ist es gar nicht mehr möglich, zwischen subversiver Dekonstruktion im Sinne von Adbusters und pfiffiger Selbstironie des Marketing zu unterscheiden. Man könnte diesen irritierenden Sachverhalt vielleicht mit Hilfe eines Begriffs von George Spencer Brown erklären: Im Sinne eines Re-entry tritt die Unterscheidung Mainstream – Subkultur in den Mainstream selbst wieder ein. Die Subkultur wird zum Markenartikel, der Rebell zum Star und die alternative Szene zum Motor der Unterhaltungsindustrie. Der Mainstream wird also gerade von denen bestimmt, die anders sein wollen als der Mainstream.

Die Gegenkultur ist ausspioniert. Das große Nein negiert nichts mehr, sondern wird unmittelbar vermarktet. Alle Innovationen auf dem Markt der Popkultur sind durch eine Entübelung des Subversiven entstanden. Der Kampf gegen den bürgerlichen Chic endet auf den Cat-walks von Paris und Mailand; das Protestlied gegen den Weltsound von MTV endet als Nr. 1 der Charts. Der Außenseiter wird zum Pop-Idol. Die Alternativen der *independent labels* sind Fermente in der Evolution des Massengeschmacks. Und Begriffe wie „Guerillakonsument" machen deutlich, daß Protest heute nur noch als bunter Tupfer auf der Konsumpalette auftaucht.

Das System des Konsumismus übergreift also nicht nur den ironischen, selbstbezüglichen Konsum des Konsums, sondern auch die Negation des Konsums durch die Zielgruppen, die sich dadurch definieren, daß sie keine Zielgruppen sein wollen. Man kann dem Kunden sogar *auf* dem Markt suggerieren, daß er *mit* der Firma *gegen* den Markt konspiriert. Gerade wo ethisch-kritische oder Subkultur-Attitüden maßgebend sind, können Firmen sehr erfolgreich eine Art Marketing des „Anti-" entwickeln.

Konsum ist die rituelle Handlung, die aus allgemeinen Waren das individuelle Wahre schafft. Um das zu verstehen, darf man die Güter nicht als Objekte betrachten. Vielmehr bilden sie ein Medium; das meinte schon Karl Marx mit der berühmten Formel vom „gesellschaftlichen Verhältnis von Gegenständen". Das Geheimnis der Ware hat also nichts mit ihrem Gebrauchswert zu tun. Das erste Bild, das die kapitalistische Welt hier dem Beobachter bietet, ist das einer „ungeheuren Warensammlung". Was er nun bei der Analyse der Ware zu sehen bekommt, ist „ein sinnlich übersinnliches Ding" – er nennt es auch „Wertding". Das sind natürlich paradoxe Formulierungen. Ein Wert ist kein Ding, und ein Ding ist sinnlich und nicht übersinnlich. Was Marx beobachtet, ist also, daß die Ware unserer kapitalistischen Märkte etwas Paradoxes, Geheimnisvolles ist.

Daß etwas Übersinnliches sinnlich greifbar ist, kennt man eigentlich nur aus der Welt der religiösen Symbole. Und in der Tat betrachtet Marx die Warenwelt in Analogie zur religiösen Welt. Die Waren sind nicht einfach Dinge für den Konsum. Sie befriedigen nicht einfach ein konkretes Bedürfnis, sondern sie verkörpern Soziales – analog zum Totem! Deshalb nennt Marx das Produkt, das auf dem Warenmarkt erscheint, eine „gesellschaftliche Hieroglyphe". *Hieroglyphos* ist der griechische Name für denjenigen, der heilige Bilderschriftzeichen eingraviert. Was Marx uns also sagen will, ist, daß die Waren des kapitalistischen Marktes als eine Art Geheimschrift gelesen werden können, in der sich unser gesellschaftliches Leben religiös chiffriert. Das Geheimnis der Ware und das Geheimnis der Religion sind dasselbe.

Der ethnologische Begriff Cargo-Kult verrät viel über das Geheimnis des Konsums. Der Cargo-Kult stellt sich die Erlösung nämlich konkret als Ankunft von Warenladungen vor. Und entscheidend dabei ist: Cargo ist nicht einfach nur die Ware, sondern zugleich auch Macht als eine Art spiritueller Mehrwert der Ware. Und genau das steckt in dem so harmlos klingenden Begriff „Marke". Die Marke ist ein Totem-Emblem. Und ihre „theologischen Mucken", von denen Karl Marx sprach, sind heute ihre Unique Selling Proposition.

Die Ethnologie hat die Benennung als den Kern des Totemismus kenntlich gemacht. Man unterscheidet sich durch die Zugehörigkeit zu Namen von anderen Stämmen – man ist z. B. Schalke-Fan, Nike-Träger, oder Habermasianer. Und die erfolgreiche, große Marke ist genau in diesem Sinne ein Totem. Sie markiert die Unterscheidung und die Zugehörigkeit zu einer Gemeinschaft gleichermaßen. Nur so kann man Massenartikel an Individuen verkaufen. Nur so kann man anders sein und zugleich dazugehören.

Das Totem unterscheidet sich von Alltagsgegenständen durch seine Eigenschaft, als faszinierendes Bild zu wirken, das Gefühle an sich bindet. Im System des Konsumismus ist es das Logo, das als Totemwappen fungiert. So können die Waren der modernen Märkte als eine Art Geheimschrift gelesen werden, in der sich unser gesellschaftliches Leben religiös chiffriert. In primitiven Gesellschaften wäre „Fetischismus" kein Vorwurf gewesen. In der postmodernen Gesellschaft ist „Warenfetischismus" kein Vorwurf mehr.

Wenn man Waren tauscht oder etwas kauft, vollzieht man nicht einfach einen ökonomischen Akt.

Kaufen und Tauschen heißt vor allem auch: sich in Beziehung setzen, Gegenseitigkeit stabilisieren. Das Marktgeschehen ist ein Sozialritus. Das Geben und Nehmen stiftet Beziehungen und Gegenseitigkeit. Die Befriedigung von Bedürfnissen ist deshalb zweitrangig, wenn man sie mit dem vergleicht, was man die Selbstbegegnung der Bedürfnisse im Ritual des Marktes nennen könnte. Sobald man im Konsumgeschehen auf Kultisches und Rituelles stößt, kann man sicher sein, daß der Ausdruckswert des Produkts wichtiger ist als sein Gebrauchswert. Konsum erweist sich dann als Sinnstiftung: „goods provide ‚marking services' in ‚consumption rituals'".

Diese Zusammenhänge hat das Marketing mittlerweile durchschaut und in einer Strategie reflektiert, die man Kultmarketing nennen könnte. Demnach soll der Kunde nicht einfach nur kaufen und verbrauchen, sondern eine rituelle Handlung vollziehen. Seit es Kultmarken und Kultprodukte gibt, geht es nämlich nicht mehr um passiven Konsum, sondern um aktive Devotion. „Consumption can become a vehicle of transcendent experience: that is, consumer behavior exhibits certain aspects of the sacred." So entfaltet sich der Konsumismus als Religionssystem. Und das führt zum Ursprung der Bedeutung des Konsums zurück – zum Totemismus der Eßgemeinschaft.

Nicht die Kirchen, sondern die Konsumtempel sind der Ort moderner Religiosität. So vergleicht der Theologieprofessor Harvey Cox die Schaufenster der Warenhäuser mit der Krippenszenerie; das Etikett mit dem Markenzeichen deutet er als säkularisierte Hostie. Das Ideal des Marketing ist die religiöse Ikonenverehrung. Heute kehren die Warenhäuser wieder an ihren Ursprung zurück. Die Pariser Passagen waren die ersten Kathedralen des Konsums. Und die Einkaufszentren der Gegenwart verwandeln sich in Schauplätze einer Wiederverzauberung der Welt, nach der wir uns gerade deshalb sehnen, weil jede Spur von Magie, Aura, Charisma und Zauber aus unserem aufgeklärten Alltag getilgt ist. Mall und Urban Entertainment Center sind die Gesamtkunstwerke des Konsums: Kaufen, Essen, Amüsieren. Sie rechtfertigen die Welt als ästhetisches Phänomen.

Der Markt ist der unsichtbare Architekt unserer Städte. Und wo sie häßlich sind, rächt es sich eben, daß die Architekten diese Welt des Konsums immer nur verachtet haben – es käme heute darauf an, sie zu verändern. Kluge Köpfe wie Jon Jerde und Rem Koolhaas haben erkannt, daß die Wiederbelebung der Stadt von den konsumbasierten öffentlichen Räumen ausgehen muß. Im Medium des Shopping läßt sich die Stadt mathematisch verstehen; hinter den Räumen werden Datenstrukturen sichtbar. Mit anderen Worten: Die Stadt wird nicht mehr durch die Kunst des Architekten ästhetisch visualisiert, sondern durch die Statistiken des Konsums empirisch berechnet. Statistiken, wohlgemerkt, denn Konsumenten verhalten sich wie Gasmoleküle unter Druck: zufällig, unorganisiert komplex – eben nur statistisch erfaßbar. Die *site selection decisions* der Warenhäuser und Supermärkte erfolgen deshalb computergestützt. So verwandelt sich der Stadtplan in ein topologisches Simulationssystem, das mit numerisch meßbaren Faktoren rechnet: Risiken, Ressourcen, Kosten, Konsumentenverhalten, Migrationsbewegungen usf.

Wir können in den Großstädten heute schon sehr deutlich beobachten, wie sich der öffentliche Raum in „brand zones" und einen „control space" dissoziiert.

In diesem Informationsraum verlieren die vertrauten Unterscheidungen wie öffentlich/privat, innen/außen und nah/fern an Orientierungskraft. Vor allem die City besteht aus „brand zones". Die Stadt wird damit selbst zum Element des Markenmehrwerts – „Milano" steht auf der Einkaufstüte. Dem entspricht genau, daß sich das Shopping zu einer Schlüsselvariante des Tourismus entwickelt: man konsumiert Markenzonen. Der berühmte Laden in London oder München wird zur „destination".

Wenn wir vom System des Konsumismus sprechen, dann ist damit impliziert, daß der Konsum selbstbezüglich und damit autonom geworden ist. Und genau dafür liefern die Shopping Malls und Brand Zones den phänomenologischen Beleg. „Brand zones are the sacred precincts of the last global religion – capitalist consumerism. [...] Brand zones are brands themselves. They are places to consume consumption." Der Schauplatz der Marken wird selbst zur Marke – man denke nur an den Ku'damm, „die Kö", oder die Magnificent Mile in Chicago.

So bitter die Einsicht für künstlerische Architekten und Romantiker der bürgerlichen Öffentlichkeit sein mag: Shopping ist heute die letzte öffentliche Handlung – und damit das eigentliche Organisationsprinzip einer Stadt. Es ist die einzige Energie, die das Urbanitätserlebnis überhaupt noch ermöglicht. Wenn man hoch genug abstrahiert, kann man in der Urbanität das eigentliche Thema des Shopping erkennen. Und hier ist nun für die Designer der Brand Zones eines entscheidend: Urbanität ist ein Gefühl, das man gestalten kann. Und zwar geht es um das hochartifizielle Wohlgefühl in einer urbanen Umwelt – diese autologische Formulierung läßt sich bei einer Definition von Urbanität wohl nicht vermeiden. Mit Sinnstiftung allein ist es jedenfalls nicht getan. Das Emotional Design der Märkte zielt nicht nur auf Sensemaking, sondern – mit einem schönen Wort von Jon Jerde – auf Heartmaking. „The promise of heartmaking is meaningful relatedness to place that engenders a sense of belonging, of well being."

Johan Huizinga hat einmal auf die Strukturverwandtschaft zwischen Marktplatz, Spielplatz und religiösem Kultort hingewiesen. „Die Arena, der Spieltisch, der Zauberkreis, der Tempel, die Bühne, die Filmleinwand, der Gerichtshof, sie sind allesamt der Form und der Funktion nach Spielplätze, d. h. geweihter Boden, abgesondertes, umzäuntes, geheiligtes Gebiet, in dem besondere Regeln gelten." Diese Einsicht wird vor dem Hintergrund des gerade Gesagten wieder hoch aktuell. Denn wenn die konsumistische Wiederverzauberung der entzauberten Welt heute von *theming* spricht, dann ist eine an Orte gebundene inszenierte Erfahrung gemeint. Die Ware der Zukunft ist der Fetisch einer Themenwelt, die von Marketing-Managern, Szenen und Prosumern gemeinsam erfunden wird. Ein gutes Produkt entführt in eine interessante Welt. Die Verkoppelung großer Hollywood-Filme mit einer ganzen Produktpalette ist dafür beispielhaft.

Themenwelten bieten eine surreale Verdichtung des Erlebnisses; ihre inszenierten Ereignisse erlebt man „wirklicher" als die Wirklichkeit. Oder um denselben Sachverhalt aus der Gegenperspektive zu beschreiben: Das „wirklich Wirkliche" bringt es nicht bis zur Prägnanz des Themas. Themenwelten bieten also Ersatzerfahrungen, die gar nicht nach Ersatz schmecken, sondern intensiver, weil dichter und störungsfreier als die Wirklichkeit sind. Als „containers for human interaction" hat sie Mark Gottdiener definiert. Und man muß diese Definition nur wortwörtlich nehmen, um auch das Funktionsprinzip der „Big Brother"-Unterhaltung zu verstehen.

Wir haben nun schon mehrfach Alvin Tofflers Begriff des Prosumers bemüht, um das System des Konsumismus vom System der Bedürfnisse und der Bedarfsdeckung zu unterscheiden. Es handelt sich hierbei um einen Begriff der produktiven Konsumtion, der uns darauf hinweist, daß die Zwei-Welten-Lehre Arbeit–Konsum bzw. Arbeitszeit–Freizeit nicht mehr zu halten ist. Kann man Arbeit überhaupt noch von Nichtarbeit und Muße unterscheiden? Was ist ein business lunch? Was ist eine Diät? Auch das Allermundewort Performance signalisiert, daß die Unterscheidungen Arbeit–Konsum und Arbeitszeit–Freizeit in der neuen Einheit aufgehoben werden.

Dafür gibt es eine ganz einfache, logische Erklärung. Je produktiver die Arbeitszeit, desto größer ist der Anreiz, mit der Freizeit sparsam umzugehen. Mit anderen Worten: Mit der Produktivität der Arbeitszeit wächst auch der „Schattenpreis" der Konsumzeit. Staffan Linder bemerkt hierzu: „Allein schon der Terminus ‚Freizeit' zeigt das Unvermögen zu erkennen, daß Konsumzeit ein knappes Gut ist." In der modernen Welt hat man so viele Optionen, daß ein großer Teil dieser „Freizeit" für das Scannen der Möglichkeiten draufgeht. Deshalb kauft man sich, und zwar mit jedem Service, Zeit. Kurzum, je kostbarer die Zeit wird, desto weniger kann sie Freizeit sein. Das zeigt sich auch dem naiven Beobachter an einem immer wieder erstaunlichen Sachverhalt: Je reicher jemand ist, desto ärmer an Zeit.

Früher waren die Güter knapp, heute ist es die Zeit.

Und Konsumieren braucht Zeit. Konsum ist vor allem Zeitkonsum, und Konsumzeit ist ein knappes Gut. Um den Ertrag der Konsumzeit zu erhöhen, muß man das Konsumieren beschleunigen. Das hat nun drei verblüffende, aber durch und durch logische Konsequenzen:

→ Wenn die Zeit sehr knapp ist, ist es unökonomisch, lange über kleine Geldbeträge nachzudenken.

→ Die Zeitknappheit zwingt dazu, sich auf den ersten Eindruck zu verlassen.

→ Die Kunden wollen verführt werden, um eine rasche Entscheidung treffen zu können.

Wie in allen Sphären des modernen Lebens gilt auch auf den Märkten: Wir leiden nicht an einem Mangel, sondern an einem Zuviel. Man kann nicht alles wissen wollen, was man wissen könnte. Wer nämlich alle möglichen Informationen ausschöpfen wollte, wäre am Ende viel zu erschöpft, um sie noch zu nutzen. Information kostet eben etwas, und zwar nicht nur Geld, sondern vor allem auch Zeit. Weil jede Information die Aufmerksamkeit des Kunden konsumiert, führt der Reichtum der Information zu einer Armut der Aufmerksamkeit. Je mehr Wahlmöglichkeiten der Kunde hat, desto wichtiger wird für ihn die knappe Information der Marke. Marken sind Navigationsfilter im Überangebot; sie funktionieren wie Scheuklappen. Es dreht sich also alles um die Frage: Wie feßle ich die Aufmerksamkeit des Kunden? Deshalb richtet sich die Aufmerksamkeit heute auf das Thema Aufmerksamkeit.

Marketing ist der Kampf um Aufmerksamkeit, und es gibt zwei grundverschiedene Strategien, sie zu binden. Die passive Strategie besteht darin, den einzelnen Kunden als Merkmalsmuster, als Pattern von Konsumgewohnheiten statistisch zu erfassen. Man beobachtet also seine faktische Aufmerksamkeitsverteilung. Die aktive Strategie besteht darin, die Aufmerksamkeit des Kunden nachhaltig zu fesseln – nämlich durch Sinnangebote. *Mind share* nennt man dann die im Kopf des Kunden eroberte Aufmerksamkeit.

Mit prägnanten Namen kann man sich am besten im Aufmerksamkeitswettbewerb durchsetzen: Nike, Coca Cola, Adorno, Derrida. Der Name der Marke verspricht die Sicherheit der Qualität; er garantiert Enttäuschungsfestigkeit. Symbolisiert wird das vom Logo, das ja aufs Zunftzeichen, aufs Herkunftszeichen zurückgeht, also wie ein Wappen funktioniert. Wie Namen Vertrautheit schaffen, läßt sich übrigens schon sehr gut an der Bibel oder an Homer studieren: man kann nämlich Geschichten an sie anknüpfen. Benennung absorbiert Unsicherheit.

Wenn wir den Namen der Marke als eine Nußschale verstehen, in der eine faszinierende Geschichte steckt, dann ist die Werbung seine Exegese. Sie produziert heute die Symbole, die das Soziale strukturieren. Insofern hat die Werbung heute eine soziobiologische Funktion: Sie entwickelt graphische Embleme, die sich in der Phantasie der Kunden ablagern und mit denen sie ihre Welt konstruieren. Werbung ist also nicht mehr nur eine Sphäre der modernen Lebenswelt, sondern ihr Schematismus. Deshalb hat die Werbung es leicht, ihre zentrale Funktion für das System des Konsumismus zu erfüllen, nämlich dem Konsum das schlechte Gewissen zu nehmen.

Das ist gerade in unserer Überflußgesellschaft ein entscheidendes Problem. Was unser Gewissen quält ist ja nicht nur das Wissen vom Elend der Welt, sondern auch das Bewußtsein, daß unser Wohlstand eine Funktion jenes Elends ist. Die Bußpredigt der Kulturkritik lebt seit Rousseau vom schlechten Gewissen des Konsums. Sie suggeriert uns, Konsum sei Schuld. Angesichts dessen hat die Werbung eine viel wichtigere Aufgabe, als naive Gemüter zu bestimmten Genußmitteln zu verführen. Werbung verführt nicht nur zum Genuß, sondern erspart ihm die Reue. Sie hält die Gegen-Predigt zur Kulturkritik – einen unendlichen Diskurs über den Sinn des Konsums.

6. Die Liebe

Es wird nach dem bisher Gesagten nicht mehr überraschen, daß wir schließlich auch die Vektoren der Liebe ins Kräftefeld des Konsumismus eintragen müssen. Schlechte Zeiten für Romantiker? Daß Sex nicht unbedingt etwas mit Liebe zu tun hat, wußte man schon. Nun muß man hinzulernen, daß die Reproduktion des Menschen nicht unbedingt etwas mit Sex zu tun hat. Seit Jahrzehnten ermöglicht die Pille *sex for fun.* Die Medizin ermöglicht heute Kinder ohne Sex. Das kommt dem archaischen Erbe des Menschen durchaus entgegen. Früher hatten die Primitiven Schwierigkeiten, den Zusammenhang zwischen Sex und Reproduktion zu sehen; deshalb dürfte es eigentlich keine psychologischen Schwierigkeiten bereiten, daß Sex und Reproduktion nun tatsächlich getrennt werden.

Damit wird auch die Sexualität als eine Form des Konsums erkennbar – „sexual choice" ist eine Form von *market choice.* Die sexuelle Orientierung wird heute betrachtet wie die freie Wahl des Konsumenten. Nach wie vor ist Liebe *eine* Option. Aber da sie zeitraubend ist und deshalb leicht unökonomisch wird, muß sie marktförmig kontrolliert werden. Deshalb hat der implizite Heiratsmarkt eine größere Bedeutung denn je. Die Rechnung, die die Eheleute den Singles gegenüber aufmachen, lautet: In der Liebe hat man nicht nur den Nutzen des eigenen Konsums, sondern auch den des Partners, gewissermaßen Freude an der Freude des anderen. Im Jargon der Chicago School of Economics: „Mutual altruism causes total marital output to be counted twice.“ Die Gegenrechnung orientiert sich an den Scheidungsstatistiken.

Es ist das größte Ärgernis für die menschliche Gemeinschaft, daß man die Beziehung von Männern und Frauen nicht auf Sex basieren kann. Die Welt wäre in Ordnung – das heißt, ihre Ordnung wäre, im Jargon der sechziger Jahre gesprochen, „repressionsfrei“ –, wenn die Sexualtriebe kraft ihrer eigenen Dynamik imstande wären, „dauerhafte erotische Beziehungen unter reifen Individuen zu stiften“. Dann könnte man Sein im Horizont von Eros denken – statt im Horizont von Logos (Platon) oder von Zeit (Heidegger) oder von Mangel (Lacan) – und glücklich leben. Das geht aber nicht, wie zuletzt die 68er-Generation erfahren mußte, und deshalb ist die Welt nach wie vor aus den Fugen.

Wenn Sexualität aber nicht die Lösung des Problems „Geschlechterverhältnis“, sondern das Problem selbst ist, dann lohnt es sich, seine Geschichte aufzurollen. Und damit sind wir bei Platons *Symposion*. Bekanntlich triumphiert hier Sokrates mit seinem ironischen Trick der ironischen Bescheidenheit. So beginnt er seine Rede mit dem Geständnis, nur etwas von „ta erotiká“ zu verstehen. Alles, was der Weise weiß, ist von der Liebe. Aber damit macht Sokrates schon den entscheidenden Übergang von der Deontologie zur Ontologie der Liebe, von der individuellen *techne* des Lustgebrauchs zur Wahrheit über den Eros. Entsprechend verschiebt sich die Aufmerksamkeit vom Geliebten zum Liebenden. Als Meister der *askesis* knüpft Sokrates den Zugang zur Wahrheit an sexuelle Abstinenz. Die Wahrheit über den Eros lautet demnach: Die Liebe adressiert sich an die Wahrheit.

Der Trick des Sokrates besteht also in folgendem: Zunächst besetzt der Meister der Wahrheit den Platz des Liebhabers. Doch diese faszinierende Selbstbeherrschung, die die Macht der *aphrodisia* bricht, lenkt das Begehren der anderen auf das wissende Subjekt, den häßlichen Philosophen selbst. Der Liebende, der in Wahrheit die Wahrheit liebt, wird selbst zum Liebesobjekt. Sokrates fasziniert das Begehren der anderen dadurch, daß er sein ganzes Leben lang philosophiert: „philosophon dia pantos tou biou". Der Aufstieg des Eros vom reinen Sex zum reinen Denken verwandelt den Liebhaber in einen Beobachter. Seine Souveränität weist sich aus in einer „jouissance sans désir et sans trouble".

Eros ist der Name der Paradoxie, daß wir das Wichtigste nur im Verlust finden können. In Platons *Symposion* erzählt Aristophanes von einem Eros ohne Hoffnung. Die Menschen wollen die Götter angreifen und werden dafür bestraft, nämlich zerschnitten. Seither treibt sie, die sie stets ihre Zerschnittenheit vor Augen haben, das Begehren nach „Symphysis". Jeder Mensch ist also nur ein *symbolon* des Menschen, das heißt wörtlich die Hälfte eines Würfels (ein Freundschaftszeichen der Griechen). Wer nun das Glück hat, die andere Hälfte des Würfels (seine bessere Hälfte?) zu finden, der weiß nicht zu sagen, was er eigentlich vom anderen will – es ist jedenfalls nicht „ton aphrodision synousia", also der gemeinsame Genuß der Lust. Die Seele begehrt das Ein. Oder um es mit den genauen Worten von Seth Benardete zu sagen: „Aristophanes sees the essence of eros not in sexual pleasure but in the embrace. The embrace is a vain reaching out for one's other half which is not the other that is ever embraced."

Eros steht also nicht für Erfüllung, sondern für einen Fehlschlag und seine Folgen. Und genau in diesem Sinne erzählt Aristophanes nun den Mythos der Liebesverblendung. Seine Kurzfassung hat Jacques Lacan gegeben: „A persuader l'autre qu'il a ce qui peut nous compléter, nous nous assurons de pouvoir continuer à méconnaître précisément ce qui nous manque." Die Libidobesetzung verschränkt ein Objekt mit dem Bild in uns, das uns jenes begehrenswert macht. Das Objekt gibt uns also das genaue Bild des Begehrens – und darin liebt der Verliebte das eigene, imaginär realisierte Ich. Deshalb zerschellt jeder Liebesanspruch an der endlich gewährten Befriedigung eines Bedürfnisses. Denn die Ansprüche der Liebe fordern vom Anderen, zu geben, was er nicht hat. Gefangen ist man also nicht vom konkreten anderen, sondern vom eigenen Anspruch an ihn. Eine Gestalt hält uns gefangen: „mein Typ". Technisch gesprochen: Sex ist mechanisch schaltbar – nämlich durch Bilder.

Oder um Philosophen verständlich zu bleiben: Der Verliebte begehrt im anderen eine Freiheit, die sich selbst seiner kontingenten Faktizität unterwerfen soll. Liebe ist, daß die Freiheit des anderen sich an meinen Körper fesselt. Um alles in der Welt will sie für alles, was sie an Kontingentem ins Liebesspiel einbringt, geliebt sein. Lieben, das heißt das Begehren, geliebt zu werden, ist die Forderung, der andere möge die Kontingenz meiner Existenz als Grenze seiner Freiheit akzeptieren.

Das könnte ein Philosoph sich sinnvoll denken, wenn er bei Freud das Wort Libido liest. Bei der Freudschen Libido geht es nämlich um eben diese Köderbarkeit der Sexualität durch Bilder, Typen, Gestalten. Libidobesetzung heißt: Ein Objekt vermischt sich mit einem Bild und wird dadurch begehrenswert – du bist genau mein Typ! Das ist der narzißtische Rahmen jeder Erotik. Eros selbst kann diesen Rahmen der imaginären Faszination nicht sprengen. Im Geschlechtsgenuß verhalte ich mich gerade nicht zum anderen als solchem. Sein Selbst könnte da nur störend dazwischenkommen. Deshalb wird die Faszinationskraft einer schönen Frau durch ihre Dummheit nicht beschädigt, sondern gesteigert. Sie ist, mit der unüberbietbaren Formel von Oscar Wilde, die Sphinx ohne Rätsel. Das bestätigen übrigens auch so untadelige, politisch korrekte Philosophen wie Adorno. So heißt es in den *Minima Moralia*: „Phantasie wird entflammt von Frauen, denen Phantasie gerade abgeht. [...] Ihre Attraktion rührt her vom Mangel des Bewußtseins ihrer selbst, ja eines Selbst überhaupt."

In der Erotik von Begehren und Geschlechtsgenuß lauern also nur Seelenkatastrophen. Doch gibt es noch eine andere Liebe? Um den narzißtischen Rahmen der Erotik zu sprengen, muß etwas ganz anderes hinzukommen, um schließlich das zu erreichen, was Lacan „le don actif de l'amour" genannt hat: das Sprechen, das Symbolische, der Vertrag, der Name des Vaters, das Heilige. Nur dem ist es zu verdanken, daß es die Geschlechtsgemeinschaft zwischen Männern und Frauen, die es eigentlich nicht geben kann, doch gibt. Und erst dieses Supplement der sexuellen Beziehung dürfte eigentlich Liebe heißen.

Man könnte die Verschiebung, um die es uns jetzt geht, ikonologisch so fassen: Das Abendmal hat das Symposion überlagert. Eros wird christlich gesehen zum Feind, denn das Begehren wiederholt die Revolte gegen Gott. Und dagegen mobilisiert Paulus eine neue Liebe, die im Kern eine zu Gott ist. Liebe als Agape hebt die Welt des Begehrens aus den Angeln. Ausdrücklich identifiziert Karl Barth, der große Interpret des großen Interpreten Paulus, „die Gestalt dieser Welt“, die ja eschatologisch vergehen soll, mit dem „Schema des Eros“. Das Bestehende ist gebannt im narzißtischen Rahmen des Begehrens. Und Agape ist der Protest gegen das Eros-Schema. So präsentiert sie der Erste Korintherbrief 13,7–11: Agape, die alles trägt, duldet und das zerstückte Wissen überdauert.

Paulus’ große Leistung, die Umwertung der antiken Werte, steckt im Agape-Begriff wie in einer Nußschale. Liebe deinen Nächsten wie bzw. als dich selbst. Wie soll das psychologisch möglich sein? Der Nächste ist doch zunächst einmal mein Rivale. Die Paulinische Lösung ist genial: Ich liebe meinen Nächsten, den Fremden, nur „als Mandatar des unbekannten Gottes“. Und wie Karl Barth zu Recht betont: „Eine direkte allgemeine ‚Nächsten‘- und Bruder- oder auch Fernsten- und Negerliebe ist nicht gemeint.“ Im Reich der Agape hat die hellenistische Virilität natürlich keinen Platz mehr; sie wird durchs Ideal der Virginität ersetzt. Und der Himmel, in den uns die *caritas* zu führen verspricht, ist von aller *cupiditas* unbefleckt. Wie Jeff Koons pornographische Kunst mit der Trademark des Himmels zu verkaufen ist deshalb ein unüberbietbares Spitzenprodukt der Blasphemie – *Made in Heaven.*

Es ist nicht schwer, den Preis zu berechnen, den wir für den Übergang von Eros zu Agape zu zahlen haben. Liebe, die nicht auswählt und immer währt, ist wertlos. Freud hat diese Inflation der Liebe im Christentum scharf diagnostiziert. Hinzu kommt, daß die christliche Parade der Sünde und ihre traumatische Erfahrung des Fleisches (sarx) das Sexuelle mit einem untilgbaren Mißtrauen überziehen – seither wird unentwegt dechiffriert, gedeutet und therapiert. Aber fast noch schlimmer: Durch die christliche Leib-Seele-Unterscheidung ist der Körper semantisch verarmt.

Das ist der zweifellos hohe Preis, den unsere Kultur für die Sprengung des narzißtischen Rahmens aller Erotik gezahlt hat. Aber es gibt kein Zurück aus der Szenerie des Abendmals in die des Symposions. Denn wir haben gesehen: Ohne einen Gott zerfällt die Liebe im Imaginären. Nur die Funktion des Heiligen erklärt, wie man aus der Bildverstricktheit der Liebesleidenschaft herausfinden kann. Die Befreiung aus den Seelenkatastrophen des Narzißmus kann nur durch eine übernatürliche Instanz bewerkstelligt werden: ein Dritter, ein Gott, ein Vertrag. Zum Beispiel die Ehe. Daß die katholische Kirche daraus ein Sakrament gemacht hat, belegt nicht nur unsere These, sondern bezeugt auch die Schwierigkeit des Unterfangens. Sie ist unter modernen Lebensbedingungen derart angewachsen, daß man sagen könnte: Es ist schwieriger eine Ehe als einen Krieg zu führen. Das würde jedenfalls erklären, warum viele ihre Ehe als Krieg führen. Immerhin macht das deutlich, daß es keine Harmonie zwischen der libidinösen Beziehung und dem Pakt der (Ja-)Worte gibt.

Im Reich der Agape wird Sex also nur unterm Sakrament der Ehe im Blick auf die Prokreation geduldet. Daraus ergibt sich logisch die Signatur jeder protestierenden Eros-Gnosis, nämlich für freie Liebe und gegen zeugende Sexualität. Kulturhistoriker können leicht zeigen, wie die passionierte Liebe als Reaktionsbildung auf die christliche Doktrin der Ehe entstanden ist. Der Jesuit M. C. D'Arcy spricht zu Recht von der „anti-Christian religion of passion". Von hier ist es dann nur noch ein Schritt bis zur Romantik, in der die Liebe selbstbezüglich wird: man liebt die Liebe. Nun wird

Eros eigentlich erst zu einem Gott mit eigenem Kult, nämlich der romantischen Poesie.

Auch Max Weber erweist sich noch als Romantiker, wo er Eros als Erlösergott feiert: Er befreit den Prometheus der Moderne, der ans graue Gestein seines durchrationalisierten Alltags geschmiedet ist. Das ist die härteste Konkurrenz zur christlichen Liebesreligiosität. Eros erscheint hier als die größte irrationale und prinzipiell nicht rational formbare Lebensmacht. Der Geschlechtsakt biete das „Konkretissimum des Erlebens"; er eröffne den Zugang zum wahrhaft Lebendigen, zur Naturquelle, zum Lebenskern. Eros ist der Gott, der uns *in* der Welt von der Rationalität dieser Welt erlöst. Im Schema Webers ist er deshalb der Gegenspieler des kapitalistischen Geistes, der uns ja zur Ablehnung der Welt *in* dieser Welt anhält. Mit anderen Worten: Die eigentliche antikapitalistische Macht ist das inkommunikable Glück der erfüllten Sexualität.

Reich und Marcuse sind nicht weit. Für moderne Gnostiker wie Herbert Marcuse liegt das Glücksversprechen der Perversionen in ihrer Ablehnung der auf Fortpflanzung gerichteten Sexualität. Entsprechend erscheinen dann Orpheus und Narziß als mythische Heroen der Homosexualität. Auch das ist ein Versuch der Wiederholung der Antike auf der Spitze der Modernität. *The Great Refusal*, diese Pathosformel der Studentenrevolution, war also im Kern der gnostische Protest gegen die zeugende Sexualität: zurück zur Perversionsfreiheit!

Das *Symposion* besteht bekanntlich aus Reden; Platons Eros kommuniziert. Ganz anders Freuds Libido; sie ist stumm, nur die Symptome reden. Man kann das nur verstehen, wenn man sich das Konzept des Unbewußten für unsere Überlegungen noch einmal zurechtschneidet. Um es mit einem Begriff des Protologikers Spencer Brown zu sagen: Das Unbewußte entsteht durch ein *Re-entry*. Der Unterschied von Ich und Anderem tritt ins Ich selbst wieder ein. Das ganze Drama der Liebe spielt deshalb auf dem Schauplatz meines eigenen Unbewußten. Und deshalb kann die erotische Beziehung den anderen nicht als anderen (an)erkennen.

Freud hatte ja die Erwartung oder doch Hoffnung, einmal werde sich die Psychoanalyse in Biochemie aufheben. Und heute formuliert Jens Reich unser Thema in der Tat so: „In dem Drüsen- und Nervengewitter in uns, das wir Sexualität nennen, ist die Paradoxie zwischen subjektiver Wahrnehmung und objektivem Sachverhalt auf die Spitze getrieben. Wir sind ganz zweifelsfrei Marionetten unserer Hormonchemie. [...] Eros ist die vom Großhirn abdestillierte Essenz, als die der auch bei uns Menschen ablaufende Chemismus wahrgenommen wird. Es wird als einmaliges, individuelles, subjektives Erlebnis konstruiert, was doch nur die Erfüllung des vom Hormonspiegel Vorgeschriebenen ist."

Man weiß, was daraus folgt: Bei Freud geht die Liebe nicht auf eine Person, sondern auf ein Objekt, das Sexualobjekt, das, wie Jacques Lacan immer wieder betont hat, ein Partialobjekt ist. Wenn die emanzipierten Frauen heute also kein Sexualobjekt mehr sein wollen, könnte ein unbefangener Beobachter fragen: was sonst? Wenn jemand als ganzer Mensch in eine Geschlechtergemeinschaft eingehen möchte, dann muß er sich schon von Kant sagen lassen, daß das nicht geht. Berühmt geworden ist seine Definition von Sex als wechselseitiger Gebrauch der Geschlechtsorgane. Im Genuß des Geschlechtsakts „macht sich ein Mensch selbst zur Sache" und widerspricht unweigerlich seinem Menschsein; genau das meint auch der Begriff Sexualobjekt bei Freud. Und es gibt hier keine andere Erotik des ganzen Menschen, sondern nur die Möglichkeit, das eigentlich Unmenschliche der Sexualbeziehung „unter der Bedingung der Ehe", also durch Vertrag, erträglich zu machen.

Fassen wir die Überlegungen von Kant und Freud zusammen:

→ Es gibt keine prästabilierte Sexualharmonie zwischen Mann und Frau.

→ Als Ersatz für das Fehlschlagen des Sex zwischen Mann und Frau gibt es das Objekt des Begehrens, das eingehüllt ist vom Selbstbild.

→ Der Geschlechtsgenuß besteht im wechselseitigen Konsum solcher Partialobjekte.

→ Das Ganze kann nur durch den Vertrag der Ehe wieder auf das Niveau „Menschheit" gehoben werden.

Sex schlägt prinzipiell fehl – und deshalb hält uns das Begehren auf Trab. Es läßt sich weder bestimmen noch dauerhaft erfüllen. *I can't get no satisfaction* – das ist das ganze Geheimnis des Begehrens. Aber deshalb ist die delphische Weisung „Erkenne dich selbst!" eine Überforderung. Das Begehren ist der blinde Fleck der Selbstbeobachtung – und erfordert eben eine Phänomenologie des Geistes oder die Konstruktion des Unbewußten. Hegel und Freud haben gezeigt, daß alles Begehren im Kern ein Begehren nach Anerkennung ist, und zwar nach Anerkennung des Begehrens. Hegel hat das in der Dimension von Herrschaft und Arbeit überzeugend vorgeführt. Doch hundert Jahre später kommt es bei Freud zu einem entscheidenden Komplexitätszuwachs des Problems. Sein Thema ist die Liebe und damit die Kontingenz der Anerkennung.

Das Begehren nach Anerkennung des Begehrens ist immer extrem gefährdet. Und da diese Anerkennung unter den Kontingenz-Bedingungen der Liebe sehr unwahrscheinlich ist, liegt es nahe, sie in der Gegenrichtung zu suchen, in der Gewalt. Ein Begehren, das keine Anerkennung findet, schlägt um in die Zerstörung des anderen. Daß das Begehren nach Anerkennung des Begehrens zwischen Liebe und Gewalt oszilliert – man beobachte nur einmal aufeinander eifersüchtige Kinder – , wird von Eros-Gnostikern wie Bataille betont, der in der Sexualbeziehung eine Wesensverletzung der Partner sieht, die an den Mord grenzt.

Hier erscheint Eros als Gott der Gewalt – ein heute durchaus plausibles Feature, wenn man etwa an die steile Karriere des Sadomasochismus denkt. Modern daran ist die Wahlfreiheit der Lust: „pain by choice". Das Glück wird entkernt, sobald man Aggression tabuisiert. Schon kleine Kinder müssen lernen: Aggression bringt Unglück. Und die Erwachsenen müssen dann die zweite Lektion lernen: Auch die Abwehr der Aggression bringt Unglück. Ein Tabu zu brechen erscheint deshalb heute als letzter Weg zum Glück. Das Perverse und Verbotene verspricht allein noch das Glücksgefühl der Befriedigung einer wilden Triebregung. Unsere Gesellschaft scheint genau diese Erfahrung heute in Konventionen der Überschreitung gießen und genießen zu wollen.

Aber auch diesseits der neuen Perversionsfreiheit gibt es eine Fülle von alltäglichen Phänomenen, vor denen die Political Correctness die Augen verschließen muß. Um eine Feministin in Rage zu versetzen, genügt es meist, auf die phänomenologische Ununterscheidbarkeit einer Vergewaltigung von gewissen lustvollen Sexualakten hinzuweisen. Man erinnere sich nur an

Jack Nicholson und Jessica Lange in *The Postman Always Rings Twice*. Es geht hier um die Amalgamierung von Sexualität und Aggressivität, also darum, daß derjenige Glück in der Liebe hat, der ein „assertive behaviour" an den Tag legt. Übrigens ist nicht nur von Feministinnen, sondern neuerdings auch von Evolutionstheoretikern und Biologen zu hören, daß alle Männer potentielle Vergewaltiger sind. „Women are evolved to choose mates carefully and men to be less selective and pursue many partners, including without commitment. Rape is one of the many behaviors resulting from this evolved difference in male and female sexuality."

Für unsere Fragestellung ist an dieser Stelle aber nur eines wichtig: Es gibt keine natürliche Sexualharmonie zwischen Männern und Frauen. Das wußte schon die antike *ars erotica*, und heute weiß es die Designer-Erotik. Auch der größte Trottel kann sich verlieben. Aber dann beginnt das Problem: *post coitum omne animal triste*. Sex wird langweilig, wenn es nicht gelingt, die sexuelle Variabilität und die Komplexität der Liebesbeziehung durch ein erotisches Training zu steigern. Die entsprechenden Ratgeber über Stellungen und Techniken sind Dauerbestseller; aber man denke z. B. auch an die gewaltige Komplexitätssteigerung, die eine Liebesbeziehung durch Eifersucht erreicht. Und wem das zu anstrengend ist, dem bleibt statt des Handelns immerhin noch das Zuschauen. Mit der Kunst der Liebe steht es nämlich wie mit dem Hochleistungssport: „instead of doing it personally, most people are content to hear about it or watch a few experts perform it." Und das Spektrum des Angebots reicht von Madame Bovary bis zur Pornographie.

Früher lebten Männer und Frauen zusammen – aber nach unterschiedlichen Regeln. Heute gelten für Männer und Frauen dieselben Regeln – aber sie leben nebeneinander her wie Parallelen, die sich eben nicht kreuzen. Natürlich haben die Amerikaner dafür längst eine Trendformel gefunden: *living apart together*. Auch das ist eine Folgelast der Modernisierungsprozesse, die die Kluft zwischen evolutionärem Erbe und Standards der Lebensführung immer weiter aufreißen. Unsere moderne Kultur schreibt Männern und Frauen vor, Partner oder Kumpel zu sein – ein mächtiges Tabu liegt heute über der „magic difference". Statt Liebesaffären hat man Beziehungen. Ein deutliches Symptom dafür ist die Karriere des Begriffs *commitment*.

Modern ist es weder denkbar, daß die Gattenwahl heteronom erfolgt noch daß man bewußt in eine Geschlechterrolle einrastet (obwohl *de facto* natürlich immer noch viele so leben und leiden). Dann bleibt aber nur die Möglichkeit, die eigene Biographie als Reihe von Wahlakten zu konzipieren. So transformiert sich die Ehe vom Sakrament über die Wahlverwandtschaft zum vertraglich geschützten Arrangement von Lebensabschnittspartnern. Sofern man die juristische Form überhaupt noch bemüht, resultieren zwingend Kettenehen. Sie sind längst kein Ausdruck des Scheiterns mehr, sondern als sukzessive Polygamie ein deutlicher Ausdruck von Macht – bei bedeutenden Politikern und populären Medienstars erwartet man diesen Lebensstil geradezu.

Aber Modernisierung heißt natürlich immer auch: strenge Kalkulation der Kosten. Und Kosten sind nichts anderes als das Maß für das Opfer der alternativen Optionen. Insofern ist wahre Liebe immer unökonomisch. Wer clever ist, schließt aus den Scheidungsstatistiken, daß es ein zu hohes psychologisches Risiko wäre, alle Gefühle in *eine* Beziehung zu investieren.

Gary Becker hat das so formuliert: „The incentive to nurture love is weak when it is easy to divorce.“ Deshalb steht am Anfang der heutigen Ehe nicht der heilige, sondern der rein juristische Ehevertrag, also die Antizipation der Scheidung. Die Ehe ist deshalb nur noch ein „Lebensabschnitt“, der nicht mit dem Tod des Gatten, sondern nach Vereinbarung zweier ökonomisch orientierter Vertragspartner endet.

Wenn sich im Verhältnis von Männern und Frauen die Dialektik von Herr und Knecht wiederholt, dann muß man den Hebelpunkt für diese Kräfteverschiebungen bei den Frauen suchen. Hier hatte und hat eine Erfindung soziologisch umstürzende Effekte, die uns so selbstverständlich geworden ist, daß wir ihre kulturgeschichtlich zäsurierende Wirkung gar nicht mehr spüren: die Pille. In der Geschichte des Eros ist sie das wichtigstes Antiphysikum. Und heute sind die gesellschaftlichen Folgen der Pille jedermann vertraut:

→ Frauen kontrollieren die Reproduktion;

→ Männer verweigern deshalb zunehmend die Verantwortung für die Folgen einer Beziehung;

→ die Geburtenrate sinkt dramatisch; paradoxerweise werden gerade in der *affluent society* die Kosten der Kinder prohibitiv hoch;

→ destabilisierte, flexible, also auf Auflösung und Rekombination hin geschlossene Ehen sind der Normalfall;

→ alleinerziehende Mütter gewöhnen uns an den ultramodernen Sachverhalt einer Reproduktion ohne Familie.

All das gutzuheißen ist einer der wesentlichen Inhalte der Political Correctness. Und wer hierzu Distanz hält, findet sich rasch in der unangenehmen Nachbarschaft des Papstes wieder. Die moderne Gesellschaft fördert eine Designer-Erotik, das heißt eine maximale Entfernung vom evolutionären Erbe der Sexualität. Und nur wer, wie einige Soziobiologen, dieses Erbe für prägender hält als alle modernen Selbstermächtigungsveranstaltungen, wird auf die prähistorische Verknüpfung von Lust und Familienleben hinweisen. Aus dieser Perspektive erscheint dann die Mode der Selbstverwirklichung als die aktuelle Form frigider Unnahbarkeit und der Entschluß, keine Kinder haben zu wollen, als das soziale Äquivalent zum Zölibat. Oder um es religionssoziologisch zu formulieren: Der eros-gnostische Protest ist zum Mainstream geworden.

Auch die moderne Designer-Erotik läßt sich also sehr gut in theologische Koordinaten eintragen. Das Begehren des Mannes ist die neue Erbsünde. An die Stelle der puritanischen Lustfeindlichkeit tritt heute – neben *health care*, dem sterilen Kult des gesunden Körpers – die Lustfeindlichkeit des Feminismus. Natürlich verbietet *frau* den Männern nicht den Geschlechtsgenuß. Der Feminismus verfährt subtiler: er dekonstruiert die Gefühle. Man sieht ein Exemplar des anderen Geschlechts und weiß nicht mehr, wie *mann* sich fühlen soll.

Deshalb wächst das Interesse an Pornographie gerade in „aufgeklärten“, modernen Ländern, die in ihr offiziell die symbolische Kontrolle des weiblichen Körpers ächten. Sie ist heute aber nicht mehr wie zu Zeiten des klassischen Puritanismus die Rückseite von Prüderie, sondern die Subkultur der Lust, in die das Begehren des Mannes abgedrängt worden ist. Im Eros-Center darf Eros noch einmal der listige Gott sein, der der Lustfeindlichkeit der feministischen Kultur ein Schnippchen schlägt. Kultreligion ist die Pornographie als „Anbetung der Genitalien“, in der sich die Männer wieder eine rituelle Verhaltenssicherheit zurückerobern. In einer Zeit, in der man nicht mehr weiß, wie man erotisch fühlen soll, bieten Bilder Sicherheit, auf denen es nichts gibt, das nicht gezeigt wird. Und während die offizielle Kultur den Männern ständig eintrichtert, was sie sich unter der Erotik des Alltagslebens vorstellten, sei *sexual harassment*, dient ihnen die Subkultur der Pornographie als Schule der sexuellen Lust.

Die „skripts of desire" sind uralt. In Lust und Schmerz verkapselt sich unsere evolutionäre Erfahrung. Daraus folgt aber, daß die Lüste der Gegenwart Überlebensvorteile der Vergangenheit reflektieren. Diese radikale Ungleichzeitigkeit zwischen den archaischen Skripts des Begehrens und den kulturellen Standards der Moderne macht verständlich, warum unsere Lebensstile den Ethikern und Kulturkritikern als Grundverfehlungen des Gebrauchs der Lüste erscheinen – heute vor allem als Exzeß und Passivität im Konsum.

Octavio Paz hat schon vor dreißig Jahren darauf hingewiesen, daß der Sex heute ein öffentlicher Prediger ist, der die Lust zur Pflicht macht: Genieße! Das ist die Inversion des klassischen Puritanismus. Dessen Schlüsselattitüde lautete ja Temperierung: Der Betrieb bändigt den Trieb. Dagegen herrscht heute Pleonexie, das unersättliche Begehren nach mehr. Und jeder Akt des Konsums steigert das Verlangen, nimmt also immer deutlicher Suchtcharakter an. *Sex sells*, weiß die Werbung. Und in der Tat erscheint Eros heute als Angestellter der Konsumgüterindustrie. Doch ist das ein Grund für Kulturkritik? „What is wrong with hedonism, so long as people turn up for work on time, obey traffic signals, recycle beer cans, and do not abuse the welfare and dignity of others?"

Anmerkungen

1. Die These

S. 7: „constructed and constrained“: Stanley Fish, Doing What Comes Naturally, S. 84

S. 9: „Kapitalismus als Religion“: Walter Benjamin, Gesammelte Schriften Bd. VI, S. 100

S. 13: „Freedom of the individual ...“: Frank H. Knight, Selected Essays Vol. II, S. 357
„Capitalism was supposed ...“: Albert O. Hirschman, The Passions and the Interests, S. 132
„die persönliche Würde ...“: Karl Marx, Die Frühschriften, S. 528

S. 14: „universal otherhood“: Benjamin Nelson, The Idea of Usury, S. XVI

S. 15: „modernen Konsumökumene“: Hermann Lübbe, Politik nach der Aufklärung, S. 96

S. 16: „Achievement is addictive“: Peter Drucker, Post-Capitalist Society, S. 202
„Die wohlfeilen Preise ...“: Karl Marx, Die Frühschriften, S. 529 f.

S. 17: „happiness of pursuit“: Albert O. Hirschman, Essays in Trespassing, S. 217
„diesseitigen Tiefe“: Gotthard Günther, Beiträge zur Grundlegung einer operationsfähigen Dialektik, Bd. II, S. 179

2. Der Terror

S. 19: „political language …“: Murray Edelman, Constructing the Political Spectacle, S. 104

S. 21: „das seelische Komfortbedürfnis …“: Max Weber, Wirtschaft und Gesellschaft, S. 299

S. 23: „Es genügt …“: Niklas Luhmann, Die Realität der Massenmedien, S. 168
„In der Form …“: Niklas Luhmann, Das Recht der Gesellschaft, S. 296

S. 25: „When the Net …“: Manuel Castells, The Rise of the Network Society, S. 24
„Liberalism requires …“: Stanley Fish, The Trouble With Principle, S. 317; zur *translatio hostilitatis* vgl. den Essay von Walter Reese-Schäfer, „Wo sich die politische Theologie heute verborgen hält“, in: Heilsversprechen, hrsg. von Bolz/van Reijen

S. 27: „it is the essence …“: Stanley Fish, The Trouble With Principle, S. 172
„The boutique multiculturalist …“: Stanley Fish, The Trouble With Principle, S. 57

S. 29: „Man tritt in das Schema …“: Adolf von Harnack, Das Wesen des Christentums, S. 130
„killing of religion …“: Stanley Fish, The Trouble With Principle, S. 257
„refusal of dialogue“: Anthony Giddens, Beyond Left and Right, S. 6; vgl. S. 48
„Dialogic democracy …“: Anthony Giddens, Beyond Left and Right, S. 115

S. 30: „faith in talk“: Stanley Fish, The Trouble With Principle, S. 68. – Räsonnierende Öffentlichkeit ist die Religion der diskutierenden Klasse. „The only ‚proof‘ that can be offered for the validity of the liberal position is that we are discussing it, and its acceptance is a presupposition of discussion, since discussion is the essence of the position itself.“ – Frank H. Knight, Selected Essays Vol. II, S. 309

„the deferring of commitment“: Stanley Fish, The Trouble With Principle, S. 200

S. 31: „To the fundamentalist ...“: Talcott Parsons, Politics and Social Structure, S. 26

„A neutral principle ...“: Stanley Fish, The Trouble With Principle, S. 6

S. 32: „The debate is always ...“: Stanley Fish, The Trouble With Principle, S. 44

„Kontingenz als Stimulans“: Hans Blumenberg, Wirklichkeiten in denen wir leben, S. 47

„Fluch der Kontingenz“: Theodor W. Adorno, Philosophie der neuen Musik, S. 110

S. 33: „invidious comparison“: Thorstein Veblen, The Theory of the Leisure Class, S. 10

S. 34: „unglückliche Selbstbehauptung“: Søren Kierkegaard, Die Krankheit zum Tode, S. 84 f.

S. 35: „Life as Poly-Contexturality“: Gotthard Günther, Beiträge zur Grundlegung einer operationsfähigen Dialektik Bd. II, S. 283

„Fanatismen und Fundamentalismen ...“: Niklas Luhmann, Die Gesellschaft der Gesellschaft, S. 800. – Die Normalform des Umgangs mit diesen Energien sieht freilich anders aus. Man könnte vielleicht mit der Unterscheidung Fanatismus–Urbanität operieren und heute ein Re-entry dieser Unterscheidung in ein Unterschiedenes beobachten: In einer Art „containment“ des Fanatismus genießt der Fan die fanatische Reduktion von Komplexität als Spiel. Im Fußballstadion unterscheidet man (wer?) deshalb den „wahren Fan“ vom Hooligan.

„Furie des Zerstörens“: G. W. F. Hegel, Grundlinien der Philosophie des Rechts, S. 50

S. 36: „sacrificial war“: Kevin Toolis, „Where Suicide is a Cult“

„engine of exclusion“: Stanley Fish, The Trouble With Principle, S. 70

„beliefs have you“: Stanley Fish, Doing What Comes Naturally, S. 326

S. 37: „In most countries …“: Samuel Huntington, „The Clash of Civilizations“, S. 3
„In this respect …“: Francis Fukuyama, The End of History and the Last Man, S. 236

S. 39: „‚hell-fire and damnation‘ …“: Talcott Parsons, The Talcott Parsons Reader, S. 298; vgl. S. 296 f., 299. – Christliche Religion und liberale Zivilreligion sind inflationär; sie verzetteln sich in der Sorge um die kleinen Kreuze Arbeitslosigkeit, Entwicklungshilfe, Gentechnologie usf. Die Fundamentalismen dagegen sind deflationär; sie bieten zuwenig Anschlußmöglichkeiten für Kommunikation. Wie soll man etwa mit Leuten reden, die über ihren Glauben, die Welt seit vor sechstausend Jahren erschaffen worden, nicht mit sich reden lassen?

S. 40: „Universalgeschichtliche Probleme …“: Max Weber, Gesammelte Aufsätze zur Religionssoziologie Bd. I, S. 1
„westlichen Begriffsmonopol …“: Dan Diner, Der Krieg der Erinnerungen, S. 89

S. 41: „Güte ist Besessenheit …“: Georg Lukács, „Ethische Fragmente“, S. 125; schon bei Novalis findet man die Bemerkung: „Es ist sonderbar, daß nicht längst die Association von Wollust, Religion, und Grausamkeit die Leute aufmercksam auf ihre innige Verwandtschaft und ihre gemeinschaftliche Tendenz gemacht hat.“ – Schriften Bd. III, S. 568. Vgl. zum folgenden auch: Norbert Bolz, Auszug aus der entzauberten Welt

S. 43: „uncertainty itself …“: Frank H. Knight, Selected Essays Vol. II, S. 18
„the meme for faith …“: Daniel C. Dennett, Consciousness Explained, S. 206

S. 44: „A bomb outrage …“: Joseph Conrad, The Secret Agent, S. 36
„global insurgent“: Eine treffende Formulierung von John Mackinlay, in: The Observer 28. Oktober 01. – Diese Frage zu stellen heißt aber gerade nicht, der Poli-

tical Correctness recht zu geben, die mit dem „Unwort des Jahres“ 2001 wieder einmal ein Denkverbot erlassen hat.

3. Der Krieg

S. 45: „the weakest has strength ...“: Thomas Hobbes, Leviathan, S. 87

S. 46: „mutuall Relation ...“: Thomas Hobbes, Leviathan, S. 491

„Das protego ergo ...“: Carl Schmitt, Der Begriff des Politischen, S. 53

„every man is Enemy ...“: Thomas Hobbes, Leviathan, S. 89

„Das Urrecht ...“: Niklas Luhmann, Das Recht der Gesellschaft, S. 283. – Ähnlich auch René Girard: „Der mühsame Versuch, den zahlreichen Formen der Gewalt aus dem Wege zu gehen, macht die eigentliche Größe unserer Gesellschaft aus.“ – in: Michael Jakob, Aussichten des Denkens, S. 170

S. 47: „because none of ...“: Stanley Fish, The Trouble With Principle, S. 92

S. 48: „Der Feind ist meine ...“: Carl Schmitt, Ex captivitate salus, S. 90, 75. – Friedrich Nietzsche, Schriften Bd. I, S. 420, spricht von der „Einheit von Gerechtigkeit und Feindschaft“ – genau diese verkörpert der gerechte Feind.

„Der Begriff der Menschheit ...“: Carl Schmitt, Der Begriff des Politischen, S. 54 f.

S. 49: „ein Drittes ...“: G. W. F. Hegel, Theorie Werkausgabe Bd. 1, S. 541

„Die neueren Kriege ...“: G. W. F. Hegel, Grundlinien der Philosophie des Rechts, S. 502

S. 51: „letzte Entscheidungsverfahren ...“: Niklas Luhmann, Die Gesellschaft der Gesellschaft, S. 1053

„Unfortunately, in the modern ...“: Kenneth Burke, A Grammar of Motives, S. 328

„Die Menschheit ...“: Walter Benjamin, Gesammelte Schriften Bd. I, S. 469

S. 52: „Paris, 27. Mai 1944 ...“: Ernst Jünger, Strahlungen Bd. II, S. 270

S. 53: „Der Urmensch ...“: Sigmund Freud, „Zeitgemäßes über Krieg und Tod“, in: Gesammelte Werke Bd. X, S. 345

„So sind wir auch ...“: Sigmund Freud, „Zeitgemäßes über Krieg und Tod“, in: Gesammelte Werke Bd. X, S. 351

S. 54: „if any two men ...“: Thomas Hobbes, Leviathan, S. 87

„Was dem Bürgerkrieg ...“: Hans Magnus Enzensberger, Aussichten auf den Bürgerkrieg, S. 35

S. 55: „der Haß auf alles ...“: Hans Magnus Enzensberger, Aussichten auf den Bürgerkrieg, S. 52

S. 57: „Die optische Nahdistanz ...“: Arnold Gehlen, Einblicke, S. 305

S. 59: „ihre Angebote an ...“: Max Weber, Wirtschaft und Gesellschaft, S. 382

„der Markt ursprünglich eine ...“: Max Weber, Wirtschaft und Gesellschaft, S. 385

„Exchanging is the ...“: Lionel Tiger/Robin Fox, The Imperial Animal, S. 147

„Kundschaftsverhältnisse“: Max Weber, Wirtschaft und Gesellschaft, S. 383

„Die Marktgemeinschaft als solche ...“: Max Weber, Wirtschaft und Gesellschaft, S. 382 f.

S. 60: „In modern capitalism ...“: Benjamin Nelson, The Idea of Usury, S. XXV. – Genau deshalb meinen Carl Schmitt und Ernst Jünger, daß in Zeiten des Universal Otherhood (also der Dominanz des Wirtschaftslebens) der konkrete Andere nur noch im Kampf erlebt werden kann.

S. 61: „commerce acts...“: Albert O. Hirschman, The Passions and the Interests, S. 81
„das Ausspähen ...“: Georg Simmel, Soziologie, S. 217

4. Das Geld

S. 63: „essentiell religiösen Struktur ...“: Walter Benjamin, Gesammelte Schriften Bd. VI, S. 100
S. 64: „menschliche und zugleich ...“: Walter Benjamin, Gesammelte Schriften Bd. III, S. 58
„Primat des Kultus ...“: Walter Benjamin, Gesammelte Schriften Bd. I, S. 163
S. 65: „Weltausstellungen sind die ...“: Walter Benjamin, Gesammelte Schriften Bd. V, S. 50 f.
„Tempel des Warenkapitals“: Walter Benjamin, Gesammelte Schriften Bd. V, S. 86
„die Warenhäuser sind die ...“: Walter Benjamin, Gesammelte Schriften Bd. V, S. 109
S. 66: „Fassadenarchitektur der Hölle“: Walter Benjamin, Gesammelte Schriften Bd. IV, S. 139
„Die Schuld des Geldes ...“: Walter Benjamin, Gesammelte Schriften Bd. II, S. 613
„Ein ungeheures Schuldbewußtsein ...“: Walter Benjamin, Gesammelte Schriften Bd.VI, S. 100 f.
S. 67: „Der nicht umkehrende ...“: Walter Benjamin, Gesammelte Schriften Bd. VI, S. 101 f.
S. 69: „Die Einheit der Gesellschaft ...“: Niklas Luhmann, „Zum Begriff der sozialen Klasse“, S. 149 f.
„die Erfahrung unserer Generation ...“: Walter Benjamin, Gesammelte Schriften Bd. V, S. 819
S. 71: „For the affirming ...“: Kenneth Burke, A Grammar of Motives, S. 54. Vergleiche zum folgenden aber vor allem das große Werk von Niklas Luhmann, Die Wirtschaft der Gesellschaft

„money as motive“: Kenneth Burke, A Grammar of Motives, S. 92

S. 72: „in its quiet, rational ...“: Kenneth Burke, A Grammar of Motives, S. 112

„Schuld wurde um der Erlösung ...“: Niklas Luhmann, „Das Phänomen des Gewissens und die normative Selbstbestimmung der Persönlichkeit“, S. 241

S. 73: „As early as the Calvinistic ...“: Kenneth Burke, A Grammar of Motives, S. 114

S. 81: „Das Bezugsproblem der Wirtschaft...“: Niklas Luhmann, Die Wirtschaft der Gesellschaft, S. 65

„Eröffnung, Erschließung und ...“: Niklas Luhmann, Soziologische Aufklärung Bd. 1, S. 206

„schafft sich die für ...“: Niklas Luhmann, Soziologische Aufklärung Bd. 1, S. 207

S. 83: „Es ist nicht nur ein Gleichnis ...“: Friedrich von Hayek, Individualismus und wirtschaftliche Ordnung, S. 115

S. 85: „Satellit der Ware“: Joseph A. Schumpeter, Das Wesen des Geldes, S. XIX

S. 86: „geldheckendes Geld“: Karl Marx, Das Kapital, S. 118

5. Der Konsum

S. 89: „happiness of pursuit“: Albert O. Hirschman, Essays in Trespassing, S. 217

S. 90: „Whereas pleasure ...“: Marshall McLuhan, Understanding Media, S. 43

„comfort gained, pleasure lost“: Tibor Scitovsky, The Joyless Economy, S. 72

„pampering of bodies and minds“: Robert B. Reich, The Future of Success, S. 29

S. 91: „Das Auto ist ein ...“: Otl Aicher, Die Welt als Entwurf, S. 163

S. 93: „das Sofa als Rakete“: Otl Aicher, Die Welt als Entwurf, S.163
„Wir werden nie Gefahr laufen ...“: Otto Julius Bierbaum, Eine empfindsame Reise im Automobil von Berlin nach Sorrent und zurück an den Rhein, S. 244
„Wollust dieses Dahinrollens“: Otto Julius Bierbaum, Eine empfindsame Reise im Automobil, S. 449
S. 95: „self-enclosed event“: Zygmunt Bauman, Postmodernity and its Discontents, S. 91
S. 96: „conspicuous consumption“: Thorstein Veblen, The Theory of the Leisure Class, S. 43
„Inszenierungswert“: Gernot Böhme, Atmosphäre, S. 64
S. 97: „training in consumer taste“: David Riesman, The Lonely Crowd, S. 74
„above the subsistence level ...“: Jerome S. Bruner, On Knowing, S. 145
S. 98: „man will der Betrogene sein“: Johan Huizinga, Homo Ludens, S. 33
S. 99: „The customer is the product!“: Pine/Gilmore, The Experience Economy 172
„rational fool“: Amartya K. Sen, „Rational Fools“, S. 336
S. 100: „a race for reputability ...“: Thorstein Veblen, The Theory of the Leisure Class, S. 21
„desire for a new want“: Frank H. Knight, Selected Essays Vol. I, S. 43
S. 101: „all he wants is ...“: Harry G. Frankfurt, „Freedom of the Will and the Concept of a Person“, S. 9
„The self is a person's ...“: Arthur M. Kroll, Career Development, S. 13
S. 102: „individuals maximize welfare ...“: Gary Becker, The Economic Way of Looking at Behavior, S. 2
„self-culture“: Oscar Wilde, Intentions, S. 187
„Make-up der Identität“: Odo Marquard, „Identität – Autobiographie – Verantwortung“, S. 698
S. 103: „A luxury brand is one ...“: Financial Times 20./21. November 1993

„das Streben nach der Differenz …“: Hans Magnus Enzensberger, Zickzack, S. 156
„Der Luxus der Zukunft …“: Hans Magnus Enzensberger, Zickzack, S. 157

S. 104: „People have a need …“: Rolf Jensen, The Dream Society, S. 76
„I have a need to be needed“: Milton Mayeroff, On Caring, S. 85
„attention industry“: Robert B. Reich, The Future of Success, S. 176
„demand for giving“: Gary S. Becker, The Economic Approach to Human Behavior, S. 75
„It is the vanity …“: Adam Smith, The Theory of Moral Sentiments, S. 98 f.

S. 105: „experimentation in wants …“: Frank H. Knight, Selected Essays Vol. I, S. 39

S. 107: „to entertain beliefs“: Stanley Fish, Is There a Text in This Class?, S. 361

S. 108: „Ends are not material …“: Charles E. Lindblom, The Market System, S. 197 f.

S. 109: „what we're selling is …“: Beth Dunlop, Building a Dream, S. 14
„Anyone seeking success …“: Rolf Jensen, The Dream Society, S. 39

S. 110: „Now, of course, you are …“: Gordon Pask, „A Proposed Evolutionary Model“, S. 230
„Societing“: Bernard Cova, „From Marketing to Societing“, S. 77

S. 113: „gesellschaftliches Verhältnis von Gegenständen“: Karl Marx, Das Kapital , S. 51
„ungeheure Warensammlung“: Karl Marx, Das Kapital, S. 15
„ein sinnlich übersinnliches Ding“: Karl Marx, Das Kapital, S. 50
„Wertding“: Karl Marx, Das Kapital, S. 30
„gesellschaftliche Hieroglyphe“: Karl Marx, Das Kapital, S. 53

S. 114: „theologischen Mucken“: Karl Marx, Das Kapital, S. 49

S. 115: „goods provide marking ...“: Mary Douglas/Baron Isherwood, The World of Goods, S. XXII
„Consumption can become ...“: Journal of Consumer Research, Juni 1989

S. 116: „brand zones“: Hiromi Hosoya/Markus Schaefer, „Brand Zone“, S. 166

S. 117: „Brand zones are the sacred ...“: Hiromi Hosoya/Markus Schaefer, „Brand Zone“, S. 172

S. 118: „The promise of heartmaking ...“: Jon Jerde in: Harvard Design School Guide to Shopping, S. 588
„Die Arena, der Spieltisch ...“: Johan Huizinga, Homo Ludens, S. 18
„containers for human interaction“: Mark Gottdiener, The Theming of America, S. 4

S. 119: „Allein schon der Terminus ...“: Staffan B. Linder, Warum wir keine Zeit mehr haben, S. 13

6. Die Liebe

S. 124: „Mutual altruism causes ...“: Gary S. Becker/Kevin M. Murphy, Social Economics, S. 37
„dauerhafte erotische Beziehungen ...“: Herbert Marcuse, Triebstruktur und Gesellschaft, S. 196
„ta erotiká“: Platon, Symposion 177e

S. 125: „philosophon dia pantos ...“: Platon, Symposion 203d
„jouissance sans désir ...“: Michel Foucault, Sexualité et Vérité Bd. III, S. 85
„Symphysis“: Platon, Symposion 191a
„ton aphrodision synousia“: Platon, Symposion 192d
„Aristophanes sees the essence ...“: Seth Benardete, On Plato's Symposium, S. 51 f.

S. 126: „A persuader l'autre ...“: Jacques Lacan, Les quatre concepts fondamentaux de la psychanalyse, S. 121

S. 127: „Phantasie wird entflammt …“: Theodor W. Adorno, Minima Moralia § 108
„le don actif de l'amour“: Jacques Lacan, Les écrits techniques de Freud, S. 305

S. 128: „die Gestalt dieser Welt“: Karl Barth, Der Römerbrief, S. 419
„Eine direkte allgemeine ‚Nächsten'- …“: Karl Barth, Der Römerbrief, S. 437

S. 129: „anti-Christian religion …“: M. C. D'Arcy, The Mind and Heart of Love, S. 48

S. 130: „Konkretissimum des Erlebens“: Max Weber, Gesammelte Aufsätze zur Wissenschaftslehre, S. 271

S. 131: „In dem Drüsen- und Nervengewitter …“: Jens Reich, „Sexualität und Fortpflanzung als technisches Konstrukt“, S. 84
„macht sich ein Mensch …“: Immanuel Kant, Die Metaphysik der Sitten A 108

S. 133: „pain by choice“: Lionel Tiger, The Pursuit of Pleasure, S. 137

S. 134: „assertive behaviour“: Lionel Tiger, The Pursuit of Pleasure, S. 125
„Women are evolved …“: Randy Thornhill und Craig T. Palmer, „The Evolutionary Biology of Rape“, in: Next Sex, S. 121
„instead of doing it …“: Mihaly Csikszentmihalyi, Flow, S. 102

S. 135: „magic difference“: James Keys, Only Two Can Play This Game, S. 21 – Es gibt kein weibliches Äquivalent für den Phallus.

S. 136: „The incentive to …“: Gary Becker, Accounting for Tastes, S. 237

S. 137: „Anbetung der Genitalien“: Sigmund Freud, „Eine Kindheitserinnerung des Leonardo da Vinci“, Gesammelte Werke Bd. VIII, S. 167

S. 138: „skripts of desire“: Lionel Tiger, The Pursuit of Pleasure, S. 124
„What is wrong with …“: Lionel Tiger, The Pursuit of Pleasure, S. 141

Literatur

Adorno, Theodor W., Minima Moralia, Frankfurt am Main 1951

–, Philosophie der neuen Musik, Gesammelte Schriften Bd. 12, Frankfurt am Main 1975

Aicher, Otl, Die Welt als Entwurf, Berlin 1991

Barth, Karl, Der Römerbrief, neue Bearbeitung von 1922, Zürich 1940

Bauman, Zygmunt, Postmodernity and its Discontents, Cambridge UK 1997

Becker, Gary S., Accounting for Tastes, Cambridge Mass./London 1998

–, The Economic Approach to Human Behavior, Chicago 1978

–, The Economic Way of Looking at Behavior. The Nobel Lecture, Stanford 1996

Becker, Gary S./Kevin M. Murphy, Social Economics, Cambridge/London 2000

Benardete, Seth, On Plato's Symposium, München 1994

Benjamin, Walter, Gesammelte Schriften, Frankfurt am Main 1972 ff.

Bierbaum, Otto Julius, Eine empfindsame Reise im Automobil von Berlin nach Sorrent und zurück an den Rhein, in: Gesammelte Werke Bd.7, München o. J.

Blumenberg, Hans, Wirklichkeiten in denen wir leben, Stuttgart 1986

Böhme, Gernot, Atmosphäre, Frankfurt am Main 1995

Bolz, Norbert, Auszug aus der entzauberten Welt, 3. Aufl., München 2002

Bruner, Jerome S., On Knowing, Cambridge Mass./London 1979

Burke, Kenneth, A Grammar of Motives, Berkeley 1969

Castells, Manuel, The Rise of the Network Society, 2. Aufl., Oxford UK 2000
Conrad, Joseph, The Secret Agent, Harmondsworth 1963
Cova, Bernard, „From Marketing to Societing", in: Rethinking Marketing, hrsg. von D. Brownlie u. a., London 1999
Csikszentmihalyi, Mihaly, Flow, New York 1991
D'Arcy, Martin Cyril, The Mind and Heart of Love, New York 1956
Dennett, Daniel C., Consciousness Explained, Harmondsworth 1993
Diner, Dan, Der Krieg der Erinnerungen, Reinbek 1991
Douglas, Mary/Baron Isherwood, The World of Goods, London/New York 1996
Dunlop, Beth, Building a Dream, New York 1996
Drucker, Peter, Post-Capitalist Society, New York 1993
Edelman, Murray, Constructing the Political Spectacle, Chicago/London 1988
Enzensberger, Hans Magnus, Aussichten auf den Bürgerkrieg, Frankfurt am Main 1993
–, Zickzack, Frankfurt am Main 1997
Fish, Stanley, Doing What Comes Naturally, Durham/London 1989
–, Is There a Text in This Class?, Cambridge Mass./London 1980
–, The Trouble With Principle, Cambridge Mass./London 2001
Foucault, Michel, Sexualité et Vérité Bd. III, Paris 1982
Frankfurt, Harry G., „Freedom of the Will and the Concept of a Person", in: The Journal of Philosophy, Vol. 68, #1, 14. 1. 1971
Freud, Sigmund, Gesammelte Werke, Frankfurt am Main
Fukuyama, Francis, The End of History and the Last Man, New York 1993
Gehlen, Arnold, Einblicke, Gesamtausgabe Bd.7, Frankfurt am Main 1978
Giddens, Anthony, Beyond Left and Right, Cambridge UK 1994

Gottdiener, Mark, The Theming of America, Boulder, Colorado 1997
Günther, Gotthard, Beiträge zur Grundlegung einer operationsfähigen Dialektik Bd. II, Hamburg 1979
Harnack, Adolf von, Das Wesen des Christentums, Leipzig 1920
Harvard Design School Guide to Shopping. Project on the City 2, hrsg. von Chuihuda Judy Chung u. a., Köln 2001
Hayek, Friedrich von, Individualismus und wirtschaftliche Ordnung, Salzburg o. J.
Hegel, G. W. F., Grundlinien der Philosophie des Rechts, Frankfurt am Main 1970
–, Theorie Werkausgabe, Frankfurt am Main 1970
Hirschman, Albert O., Essays in Trespassing, Cambridge UK 1981
–, The Passions and the Interests, Princeton NJ 1997
Hobbes, Thomas, Leviathan, Cambridge 1991
Hiromi Hosoya/Markus Schaefer, „Brand Zone", in: Harvard Design School Guide to Shopping. Project on the City 2, hrsg. von Chuihuda Judy Chung u. a., Köln 2001
Huizinga, Johan, Homo Ludens, Hamburg 1956
Huntington, Samuel, „The Clash of Civilizations", in: Foreign Affairs, Summer 1993, zitiert nach: www.foreignaffairs.org
Jakob, Michael, Aussichten des Denkens, München 1994
Jensen, Rolf, The Dream Society, New York 1999
Jünger, Ernst, Strahlungen Bd. II, 8. Aufl. Stuttgart 1980
Kant, Immanuel, Die Metaphysik der Sitten, Königsberg 1797
Keys, James (alias George Spencer Brown), Only Two Can Play this Game, Cambridge 1971
Kierkegaard, Søren, Die Krankheit zum Tode, München 1976
Knight, Frank H., Selected Essays Vol. I: ‚What is Truth' in Economics?, Chicago/London 1999
–, Selected Essays Vol. II: Laissez-Faire: Pro and Con, Chicago/London 1999
Kroll, Arthur M., Career Development, NY 1970
Lacan, Jacques, Les écrits techniques de Freud, Paris 1975

–, Les quatre concepts fondamentaux de la psychanalyse, Paris 1973
Lindblom, Charles E., The Market System, New Haven/London 2001
Linder, Staffan B., Warum wir keine Zeit mehr haben, Frankfurt am Main 1973
Lübbe, Hermann, Politik nach der Aufklärung, München 2001
Luhmann, Niklas, Die Gesellschaft der Gesellschaft, Frankfurt am Main 1997
–, „Das Phänomen des Gewissens und die normative Selbstbestimmung der Persönlichkeit", in: Naturrecht in der Kritik, hrsg. von F. Böckle und E. W. Böckenförde, Mainz 1973
–, Die Realität der Massenmedien, 2. Aufl. Opladen 1996
–, Das Recht der Gesellschaft, Frankfurt am Main 1993
–, Soziologische Aufklärung Bd. 1, 4. Aufl. Opladen 1970
–, Die Wirtschaft der Gesellschaft, Frankfurt am Main 1988
–, „Zum Begriff der sozialen Klasse", in: ders. (Hrsg.), Funktionale Differenzierung, Opladen 1985
Lukács, Georg, „Ethische Fragmente", in: Der Sonntagskreis, hrsg. von Karádi/Vezér, Budapest 1980
Marcuse, Herbert, Triebstruktur und Gesellschaft, Frankfurt am Main 1971
Marquard, Odo, „Identität – Autobiographie – Verantwortung", in: Identität. Poetik und Hermeneutik Bd. VIII, München 1979
Marx, Karl, Die Frühschriften, Kröners Taschenausgabe, Stuttgart 1971
–, Das Kapital, Kröners Taschenausgabe, Stuttgart 1957
Mayeroff, Milton, On Caring, New York 1990
McLuhan, Marshall, Understanding Media, New York 1965
Nelson, Benjamin, The Idea of Usury, Chicago/London 2. Aufl. 1969
Nietzsche, Friedrich, Schriften, hrsg. von Karl Schlechta, 6. Aufl. München 1969
Novalis, Schriften Bd. III, 2. Aufl. Stuttgart 1968

Pask, Gordon, „A Proposed Evolutionary Model", in: Heinz von Foerster/Zopf (Hrsg.), Principles of Self-Organization, Oxford 1962
Parsons, Talcott, Politics and Social Structure, New York 1969
–, The Talcott Parsons Reader, hrsg. von Bryan S. Turner, Malden Mass. 1999
Paz, Octavio, „Eroticism and Gastrosophy", in: Daedalus, Vol. 101, 1972
Pine II, B. Joseph/Gilmore, James H., The Experience Economy, Boston 1999
Platon, Symposion, in: Werke Bd. III, Darmstadt 1974
Reese-Schäfer, Walter, „Wo sich die politische Theologie heute verborgen hält", in: Heilsversprechen, hrsg. von Bolz/van Reijen, München 1998
Reich, Jens, „Sexualität und Fortpflanzung als technisches Konstrukt", in: Next Sex, hrsg. von Gerfried Stocker und Christine Schöpf, Wien/New York 2000
Reich, Robert B., The Future of Success, New York 2001
Riesman, David, The Lonely Crowd, New Haven/London 1975
Schmitt, Carl, Der Begriff des Politischen, Berlin 1963
–, Ex captivitate salus, 2. Aufl. Plettenberg 1987
Schumpeter, Joseph A., Das Wesen des Geldes, Göttingen 1970
Scitovsky, Tibor, The Joyless Economy, New York/Oxford 1992
Sen, Amartya K., „Rational Fools", in: Philosophy and Public Affairs, Vol. 6, #1, Fall 1976
Simmel, Georg, Soziologie, 6. Aufl. Berlin 1983
Smith, Adam, The Theory of Moral Sentiments, 9. Aufl. London 1801
Thornhill, Randy/Craig T. Palmer, „The Evolutionary Biology of Rape", in: Next Sex, hrsg. von Gerfried Stocker und Christine Schöpf, Wien/New York 2000
Tiger, Lionel, The Pursuit of Pleasure, New Brunswick NJ 2000

Tiger, Lionel/Robin Fox, The Imperial Animal, New Brunswick NJ 1998
Toolis, Kevin, „Where Suicide is a Cult“, in: The Observer 16. Dezember 2001
Veblen, Thorstein, The Theory of the Leisure Class, Mineola NY 1994
Weber, Max, Gesammelte Aufsätze zur Religionssoziologie Bd. I, 5. Aufl., Tübingen 1963
–, Gesammelte Aufsätze zur Wissenschaftslehre, 4. Aufl. Tübingen 1973
–, Wirtschaft und Gesellschaft, 5. revidierte Aufl., Tübingen 1972
Wilde, Oscar, Intentions, London 1908